Игорь Ротарь

«ХОРОШИХ РУССКИХ НЕ БЫВАЕТ»

Записки репортера из воюющей Украины

БОСТОН · 2025 · BOSTON

Игорь Ротарь «Хороших русских не бывает»
Записки репортера из воюющей Украины

Igor Rotar "There are No Good Russians"
A reporter's notes from war-torn Ukraine

ISBN 978-1960533708

Cover Design by Larisa Studinskaya © 2025
Book Design by M·Graphics © 2025

Published by M·Graphics | Boston, MA
   □   www.mgraphics-books.com
   ✉   mgraphics.books@gmail.com

Printed in the USA

Автор благодарит за помощь в сборе материала руководителя украинской гуманитарной миссии «Пролиска» Евгения Каплина, киевлян Евгения Савченко и Алексея Ралдугина

Содержание

ВВЕДЕНИЕ 11

Часть I. **УКРАИНА: МЕЖДУ ВОЙНОЙ И МИРОМ**

ПОЧТИ ЕВРОПА 15
   Русинские страсти 19

«ПЯТАЯ КОЛОННА» 22
   «Работать я буду в Европе» 22
   «Это просто гнездо сепаратистов» 23

КИЕВСКИЕ ИСТОРИИ 25
   Новая Родина-мать 27
   Почти Сан-Диего 27
   Все для фронта 28
   «Хороший русский — мертвый русский» 29

«ЭТОТ ГНУСНЫЙ ЯЗЫК» 30
   «Этот гнусный язык» 30
   Лирическое отступление 33
   Россия для нас такая же заграница,
      как и Франция 36

**«ФАШИСТЫ МОСКАЛЕЙ КРАШЕ»
(РЕПОРТАЖ ИЗ ЛЬВОВЩИНЫ)** 38
   Бьют не по паспорту, а по морде 38
   Украинский фашизм: миф или реальность? . . . 39
   «Тоньше лицами, подвижней» 40
   «Освободители» из СС 41
   Бандеровцы и евреи 42
   В «Бандерштадте» 43

**«ПАМЯТНИК ВЛАДИМИРУ ПУТИНУ
НА ВЛАДИМИРСКОЙ ГОРКЕ»** 46
   «Город — нечто вроде гоголевского Миргорода» . 46
   Большинство ненавидит русских 49
   Прифронтовая зона 52

ДО ПОБЕДНОГО КОНЦА? 54

ГЕРОЙ ИЛИ КЛОУН? 56

ДРУГИЕ УКРАИНЦЫ 60

ИСТОРИЯ ОДНА, ИСТОРИОГРАФИИ РАЗНЫЕ 67
   Киевская Русь 68
   Голодомор 70
   От Мазепы до Шухевича 71

ПРАВОСЛАВИЕ ОДНО, ИДЕОЛОГИИ РАЗНЫЕ 77
   Луганский пророк 79
   Бог не простит! 80

МАЙДАН И ЕВРЕИ 81
   Евреи — друзья бандеровцев 82
   «Украинские деревни мы обходили стороной» . . . 84
   «Европейская цивилизация
      нам ближе евразийской» 84
   Мы воюем против Хазарии 88

ОТНОШЕНИЕ К РОССИИ ПОСЛЕ АГРЕССИИ 88
   Бывший СССР 88
   Страны третьего мира 90
   Богатые страны Запада 90

**«РАНЬШЕ ОНИ НАС РЕЗАЛИ, А ТЕПЕРЬ К НАМ
РАБОТАТЬ ЕДУТ» (ЭХО ВОЛЫНСКОЙ РЕЗНИ)** 93
   Соперник Киева и Владимира 94
   «Убей свою жену» 95
   Пугливые поляки 98
   Между большим и малым шайтанами 99
   «Польские бандиты врывались в наши села» . . . 100

ИЗ УКРАИНЫ ВПЛАВЬ 102

Часть II. **Под властью Кремля**

В КРАЮ ОПОЛЧЕНЦЕВ 107
   «Если стране надо, мы потерпим!» 107
   «Если бы наш отряд не перешёл границу...» 108
   «Осажденная крепость» 110
   «Секут только своих» 112
   «Нужно быть идиотом, чтобы сомневаться
      в нашей правоте» 114
   За любую критику — «на подвал» 115
   Призраки уничтоженного прошлого 116
   После 24.02.2022 119

ЛЮДИ ВОЙНЫ 120

КРЫМСКИЕ ИСТОРИИ 124
  Сомнительный подарок 124
  «От битвы на чудовом озере
      до крымской весны» 125
  Советский Союз без очередей 126
  «Теперь мы богатые люди!» 126
  По чеченскому сценарию 127
  Особенности национальной коррупции 128
  Где же справедливость? 129
  Хрен редьки не слаще 131
  Сакральный символ 133
  Не Херсонесом единым 134
  Понаехали 134
  После 24 февраля 2022 135
  Крымские хунвейбины 138
  «Россия нас депортировала трижды!» 139
  «Историческое недоверие» 140
  Почти Узбекистан 141
  «США — порождение шайтана» 142
  Было очень трудно 144
  «Жаль, что мы не амурские тигры!» 145

Часть III. **ПРЕДТЕЧИ КАТАСТРОФЫ**

ПРИДНЕСТРОВСКИЕ ЗАРИСОВКИ 147
  «Пиши правду» 147
  «Агенты Кремля» 149
  Параллели с Донбассом 150

ОТ ДУДАЕВА ДО КАДЫРОВА 151
  «Дай бог прожить еще одну ночь!» 151
  Чеченская и украинские кампании:
      сходства и различия 152

НОСТАЛЬГИЯ ПО ПРОШЛОМУ 154

ПОСЛЕСЛОВИЕ
  Мир и война 159
  За СССР? 160
  Эпохальное изменение 161

ВВЕДЕНИЕ

В Украине я был неоднократно, как в советское, так и постсоветское время. Когда в 2014 началась так называемая «малая война» в этой стране, я отправился в полугодовое журналистское путешествие по этому государству.

Я побывал по обе стороны фронта, а также в мирных отдаленных от войны районах, в том числе в «оплоте самостийников» Львове и поражающем своей этнической пестротой Закарпатье. В следующий раз я побывал в Украине как журналист в 2019 году во время президентских выборов.

В 2024 году я вновь проехался по тем же местам страны, что и во время предыдущих поездок. Я хотел понять, насколько изменилась ситуация в стране после 24 февраля 2022 года, начала открытой агрессии Кремля (далее в тексте просто 24 февраля).

Например, даже в 2019 году (не говоря о советском времени) я ни разу не сталкивался с негативной реакцией на то, что я россиянин и я хотел понять, сохранилось ли такое же отношение после 24 февраля.

Во время моей поездки в 2019 году Украина была очень разношерстным государством: русскоязычные украинцы востока страны, кичащиеся своей «европейскостью» западенцы, испытавшие влияние венгров русины.

Между этими этническими группами было не так уж много общего, на чем и пытался играть Кремль. Я хотел понять, сумели ли украинцы, столкнувшись с прямой агрессией, преодолеть эту разобщенность.

Если честно, в 2024 году мне было страшно ехать в Украину. Эту страну я представлял так: непрерывные бомбежки, холод, голод, озлобленные, крайне подозрительные люди. Оказалось, что в реальности все несколько по-другому.

Большая вероятность попасть под бомбежки была лишь в прифронтовой зоне. В городах по-прежнему внешне мирная жизнь с великолепными магазинами и ресторанами, толпами праздно фланирующих хорошо одетых людей. Но это было лишь внешним, во многом обманчивым впечатлением.

Война изменила жизнь всех жителей Украины; просто часто ее проявления недоступны постороннему взгляду. Я не пишу в этой книге непосредственно о боях. Я не военный эксперт, да и об этом уже писали очень многие. Эта книга о другом. Я пытаюсь показать мирную или почти мирную жизнь людей во время войны; как эта страшная катастрофа изменила психологию людей, их отношение к России и русской культуре, какой будет Украина в недалеком будущем. На эти важнейшие вопросы я и пытаюсь найти ответы в этой книге. При этом я пишу лишь о том, что я лично видел и слышал.

Во время всех моих трех поездок в Украину меня все время не оставляло ощущение дежа-вю.

Когда я посетил так называемые «ДНР» и «ЛНР» в 2015 году, бешенный энтузиазм «борющихся с фашизмом» жителей самопровозглашенных республик напомнил мне то, что я уже видел в начале 90-х прошлого столетия в Приднестровье. Только в «ДНР» и «ЛНР» фашистами были «бандеровцы», а в Молдавии — прорумынские националисты.

Беспорядочные бомбежки украинских городов после 24 февраля, когда российские войска попросту не обращали внимание на гибель мирных людей, заставили меня вспомнить войну в Чечне, где Кремль также совершенно не волновали потери среди гражданского населения. Уничтоженный почти до основания Мариуполь очень напоминал Грозный в 1995 году.

Рискну предположить, что «ген империализма» характерен отнюдь не только для нынешней России. Попытки сохранения империи предпринимались и при Горбачеве, и при Ельцине, Путин же просто довел эту политику до логического конца, что и обернулось катастрофой мирового масштаба. Поэтому я включил в эту книгу главы о войне в Приднестровье и Чечне как предтечу нынешней катастрофы.

Сразу скажу, что я осуждаю российскую агрессию в Украине, но в то же время я и против так называемой «партийной журналистики», когда репортер пишет только то, что выгодно стороне, которой он симпатизирует. Я считаю такой подход непрофессиональным. Нужно давать объективную информацию, не задумываясь, кому она выгодна. Работа журналиста схоже с работой врача-диагностика, который лишь определяет характер болезни, а лечить ее будут уже другие специалисты.

В качестве иллюстрации — следующий пример. Технических редакторов для этой книги я искал в Москве. Первый человек, к которому я обратился, счел текст русофобским, сказав: «Поверьте, мне будет крайне неприятно редактировать то, от чего у меня переворачивается душа. Извините, но помочь вам я не смогу. Морально не выдержу».

Второй человек, редактируя книгу, посылал мне такие письма: «Гм, вы уже на пять лет срока в российской тюрьме написали», «Нет, на десять, причем с конфискацией имущества, а я пойду по статье „сговор группы лиц". Извините, но я не могу вас редактировать, пока с юристом не проконсультируюсь».

Однако когда я показал свою книгу украинским знакомым, некоторые из них, напротив, обвинили меня в кремлевских нарративах. Мол, зачем я поднимаю «протухшую» тему русского языка, пишу, что далеко не все украинцы хотят идти в армию?

Это свидетельствует, что я стараюсь не занимать чью-то позицию, а показать объективную (пусть и не всегда комплиментарную) картину. Интересно, что среди украинских критиков моей книги большинство жили в США, Израиле, а тем людям, которые реально подвергаются риску (бойцам ВСУ, работникам гуманитарных миссий), книга показалась объективной. По-видимому, этот типаж людей более склонен принять пусть и неудобную, но правду.

Часть I

УКРАИНА: МЕЖДУ ВОЙНОЙ И МИРОМ

Мои взгляды на происходящее в Украине были несколько другими, чем у моих украинских знакомых. Но мы не ссорились, а лишь подтрунивали друг над другом. Все изменилось 24 февраля 2022 года.

В этот день я позвонил по голосовому вызову фейсбука украинскому знакомому, и он мне ответил письменно: «Игорь, извини, не могу говорить. Скажу одно: мы держимся!»

Война изменила как сам психотип украинцев, так и Украину в целом. Очевидно, что после окончания войны украинцы будут жить в совершенно другом государстве. В главах ниже я показываю изменения в разных аспектах жизни украинского общества.

ПОЧТИ ЕВРОПА

Последняя поездка, начавшаяся в апреле 2024, несмотря на мой американский паспорт, казалась небезопасной. Дело в том, что я оказался в черном списке: то ли из-за поездки в Крым, то ли из-за прежних статей. «Очень рискованно ехать; если что, я не смогу помочь!» — сказал мне украинский приятель, который как раз и сообщил мне, что я в черном списке. А политолог Евгений Сатановский и вовсе мне заявил, что меня «точно убьют, и вам очень повезет, если вы умрете быстро».

В общем, я нервничал, да еще и по глупости проболтался в туристической фирме, через которую бронировал поездку из Венгрии в Украину, что я в черном списке.

Кроме меня в Украину ехало еще два пассажира. Наш водитель украинский венгр Иштван — никак не выделял меня из других пассажиров, и я было решил, что он не знает о моих проблемах. На границе Иштван отдал наши паспорта пограничнику и неожиданно стал оказывать мне моральную поддержку:

— Не нервничай. Арестовывать не будут, бить тоже. Не пустят, так выпьешь хорошего вина в пограничном венгерском городке.

Но все обошлось, пограничники, собравшись вместе, долго рассматривали мой паспорт, но в конечном счете пропустили, даже не задав вопросов.

Уже на украинской территории Иштван мне сказал, что все про меня знал, но не хотел говорить при других пассажирах.

Свое путешествие по Украине я начал на самом западе, в Ужгороде. За время СВО город не бомбили ни разу. Как и в прошлый мой приезд, он выглядел совершенно мирно и почти не отличался по антуражу от венгерских и словацких городков.

Более того, в чем-то здесь было даже гораздо лучше, чем к западу от границы. Цены здесь приблизительно в три раза ниже, чем у мадьяров и словаков, а вот гастрономическое разнообразие большее.

Венгерский гуляш, бограч, словацкие кнедлики и украинский борщ с салом — неизменные блюда местных ресторанов. И, конечно же, здесь можно попробовать и чисто местные деликатесы: бануш (кукурузная каша) с брынзой или юшку из белых грибов.

Отдельная «песня» — местные кафе-кондитерские. Такого обилия мест с вкуснейшими пирожными и крепчайшим кофе я не видел нигде в мире.

К слову сказать, если столица Украины знаменита своим «Киевским» тортом, главный город Закарпатья — «Ужгородским». Причем закарпатцы уверены, что киевское кондитерское изделие не годится ужгородскому и в подметки.

Но не хлебом единым хорошо Закарпатье. Географически здесь располагается центр Европы; и к югу от города Рахова поставлена стела с подтверждающей сей факт надписью.

На этих землях издавна вперемешку жили самые разные народы. Национальный состав меняется каждые двадцать километров: русинские (украинские) села меняются на венгерские, словацкие, румынские.

Многие жители региона говорят на нескольких языках, и такое этническое разнообразие обуславливает терпимое отношение к людям другой национальности.

Даже после 24 февраля закарпатцы не только спокойно реагируют на русский язык, но и отвечают обратившемуся на нем же.

Ужгород производит впечатление типичного европейского городка с богатой историей: узкие улочки, костелы.

Есть здесь и свой замок, возведенный в средневековье венгерскими магнатами Другеттами.

Родоначальник этого рода — француз, но почему-то довольно часто в исторической литературе Другеттов называют итальянцами, и, возможно, поэтому в Закарпатье многие верят, что у местных жителей есть и итальянская кровь.

Впрочем, итальянская кровь закарпатцев выглядит почти правдоподобной на фоне другой легенды ужгородского замка, связанной опять же с Другеттами.

В то время соседнее воеводство хотело захватить замок, и в город с тайной миссией отправился один из польских шляхтичей. Он приехал в Ужгород и случайно познакомился с молодой и красивой дочерью Другетта. Молодые люди полюбили друг друга, и девушка рассказала все тайны замка, даже показала секретный ход, который знала только ее семья.

Узнав об измене, отец приказал заживо замуровать дочь в стене замка, а воеводу убить. С тех пор каждую ночь в замке появляется призрак девушки, которую называют Белой Девой. Она якобы ищет своего любимого, а утром исчезает.

Кстати, один из ночных смотрителей замка уверял меня, что лично видел Белую Деву.

Я спросил его сколько он выпил в ту ночь. Ответил, что «немного, как обычно, всего литр». Свидетельствую, что поскольку закарпатцы пьют в основном местное сухое великолепного качества, это и правда немного.

Замечателен и замок в соседнем городе Мукачево. По легенде он возведен на холме из муки; этим якобы объясняется и название города.

Кстати, и в Ужгороде, и в Мукачево много туристов из других городов Украины. То есть на первый взгляд атмосфера здесь беззаботная и даже расслабленная.

Но на самом деле определенные изменения произошли. Благодаря наплыву беженцев (точнее, перемещенных лиц) население Ужгорода увеличилось вдвое. На пике этой волны стоимость аренды квартиры достигала восьмисот долларов; сейчас стоимость жилья упала до трёхсот долларов, но для Украины это все равно немало.

Впрочем, неимущих селят в студенческих общежитиях (часть комнат занимают студенты, а часть беженцы). Я посетил одно из них.

На первом этаже общежития гуманитарная миссия «Пролиска» организовала что-то типа красного уголка. Здесь есть кофеварка, музыкальный центр и даже пианино.

«Государство дает беженцам пособие в 2000 гривен (50 долларов), а мы помогаем им продуктами. Так что можно с уверенностью сказать, что никто из беженцев не голодает.

Но, конечно, условия довольно спартанские. Семья получает одну комнату. Те, кто находит в Ужгороде работу, предпочитают снимать жилье. Наш основной контингент — мамочки с детьми», — говорит мне руководитель гуманитарной миссии «Пролиска» Евгений Каплин

Другим серьезным изменением стали регулярные облавы на улицах. Например, в гостинице меня предупредили, чтобы я обязательно брал с собой паспорт, иначе окажусь на линии фронта.

Интересно, что таксисты категорически отказывались вести меня в горы. Дело в том, что по пути туда стоят два блокпоста, «специализирующиеся» на отлове призывников.

Кстати, и в этом мирном городе можно было получить интересную информацию о войне.

Как-то меня вез таксист, бежавший из Мариуполя. Говорит, сначала во дворе его дома украинские танки стояли, а потом российские. Кстати, этот мужик упорно отказывался отвечать за кого он: «Это пусть в спорте за кого-то болеют». Но и в горы меня везти отказался: «Спасибо, я в армию не хочу, с меня достаточно».

Рассказывал, как они колонной машин из Мариуполя выезжали: «Сразу же нас обстреляли. Но явно специально стреляли так, чтобы не убить. Просто пугали. Кто это был: русские или украинцы — ей-богу, не знаю».

РУСИНСКИЕ СТРАСТИ

Жители Закарпатья говорят на особом диалекте украинского: русинском. Русины признаны самостоятельным этносом в Венгрии, Сербии, Словакии, Чехии и Польше. Но даже в этих странах часть русинов считает себя украинцами, а часть — отдельным народом.

В 1946-м Сталин депортировал русинов из Польши в Украину именно как украинцев. Но и сейчас напоминания, что когда-то здесь жил этот народ, можно встретить в польских Татрах. Мне, например, встречались такие названия как «Русинский спуск» и «Русинское пастбище».

А в одном из музеев Кракова я обнаружил большую выставку православных икон, собранных в церквях бывших русинских сел западной Галиции.

Интересно также, что некоторые польские короли увлекались православной иконописью. Украинская и русинская тема была очень модна и среди польских художников рубежа XIX–XX веков. Так, знаменитый польский художник Фредерик Паутч создал целую галерею выразительных портретов гуцулов.

На Западе часть ученых считает русинов отдельным народов, а часть — этнической группой украинцев. Но в советской, а затем украинской этнографической школе однозначно придерживаются второй точки зрения.

Более того, в современной Украине любые попытки рассмотреть русинов как отдельный народ воспринимаются болезненно и даже враждебно.

Когда я в далекие 1990-е написал статью о русинской проблеме, в редакцию пришли десятки писем от разгневанных украинцев. В основном меня ругали матом и обвиняли в поддержке сепаратистов.

Однако такая категоричность не находит поддержки в международных структурах. В 2006 году Комитет по ликвидации расовой дискриминации ООН рекомендовал правительству рассмотреть вопрос о признании русинов в качестве национального меньшинства, поскольку имеются «существенные отличия между русинами и украинцами».

Можно долго спорить о том, кто в данном случае прав, ведь само понятие «народ» достаточно размыто. Взять, например, тех же украинцев. В знаменитом произведении Николая Гоголя «Тарас Бульба» казаки считают себя русскими и борются за святую Русь.

В Российской империи украинцев (тогда — малороссов) считали лишь субэтносом русского народа, и эта версия снова зазвучала в современной России.

Но очевидно, что все жители Закарпатья признают — их язык и обычаи «трошки» отличаются от украинских. Более того, здесь часто слышны такие вроде бы случайные оговорки: «Я поехал в Украину».

Когда в 1991 году в Украине проходил референдум о независимости, в Закарпатье был отдельно поставлен вопрос о самоуправляемой территории в составе страны, и эту идею поддержали семьдесят восемь процентов избирателей.

— Для галичан (жителей Львовской, Тернопольской и Ивано-Франковской областей. — *Авт.*) мы венгры, для венгров — русские, а для русских — бандеровцы, — с сарказмом говорила мне несколько лет назад официантка в ресторане.

— Если я буду говорить на нашем диалекте, украинцы меня просто не поймут. Для нас украинский довольно сложный язык. Вот, например, галстук они «краваткой» называют! Да никогда бы не догадался, что это такое! Нет, русский для нас полегче будет! — откровенничает со мной таксист.

Интересно, что простые закарпатцы попросту обходят стороной вопрос, являются ли украинцы и русины одним народом. Для них это неважно, но все они признают, что довольно сильно отличаются от украинцев из других регионов.

До советской оккупации наибольшее влияние в Закарпатье всегда имела Венгрия, рассматривающая этот регион как свою территорию. В этом смысле ситуация здесь принципиально отличалась от Галиции, где украинцами правили поляки и австрийцы.

Отношение украинцев с венграми были далеки от идеальных. Когда венгры восстали против Габсбургов, они рассчитывали на поддержку русинов, которых они же сами веками угнетали. Однако закарпатские украинцы не только не поддержали венгров, но и с восторгом встретили в Закарпатье российские войска, шедших на расправу с «ненавистными мадьярами». Как пишет историк Орест Субтельный, «впоследствии эти русофильские тенденции приведут к большой путанице в вопросах национальной идентичности коренного населения этой самой изолированной из украинских земель».

После Первой мировой войны Закарпатье отошло Чехословакии, а Галиция — Польше. Если в Польше украинцев притесняли, в Чехословакии была создана русинская автономия. О правлении чехов в Закарпатье до сих пор вспоминают с теплотой и благодарностью.

«Да они половину Ужгорода отстроили! И не халтурили, дома все качественные, добротные! Да что там дома, я сам мебельщик, в одном Доме культуры еще с чехословацких времен мебель осталась.

Мне как специалисту любопытно было посмотреть, — все как новенькое стоит! Золотое время было», — рассказывает охранник в гостинице.

Кстати, русины говорят, что их язык ближе к словацкому, чем к украинскому. В Словакии и сегодня довольно много русинских сел. В этой стране издаются русинские газеты, у русинов есть свои программы на радио и телевидении.

Во время моей поездки в Закарпатье в 2019 году здесь действовали различные русинские сепаратистские организации.

«Посмотрите на русинские дома! Разве это жалкие украинские хатки?!» — убеждал меня русинский активист, вызвавшийся добровольно на своей машине возить меня по Закарпатью.

Спор о национальном самоопределении русинов Закарпатья далеко не нов и на протяжении многих лет был неразрывно связан с политикой. «Русинская карта» вновь была разыграна после смещения в 2014 году президента Украины Виктора Януковича.

Тогда премьер-министр самопровозглашенной республики Подкарпатская Русь (русинское название Закарпатья) Петр Гецко просил президента России вмешаться и помочь «нейтрализовать галицкий нацизм в Закарпатье».

Господин Гецко также заявил, что русины не признают новую власть и считают Януковича легитимным президентом.

К слову сказать, до февраля 2022 года приветствие «Слава Украине!» вызывало у закарпатцев раздражение. Я несколько раз в качестве эксперимента говорил его местным жителям и каждый раз сталкивался в лучшем случае с непониманием. В то время в Закарпатье так лучше было не шутить.

Сейчас все изменилось кардинально.

«Да, еще несколько лет определенные центробежные настроения были в регионе. Но сегодня рассуждать так считается просто неприличным. Я сам по национальности русин, но пошел воевать за Украину. В армии моим однополчанам очень нравилось, когда я учил их нашему языку. Сейчас все жители страны объединились против агрессора.

Украинцы — это не только русины, но и русские, евреи, венгры и другие жители Украины. Наконец-то жители нашей страны стали единым народом. Жаль, что произошло это только после нынешней трагедии», — рассказывает мне ужгородский художник Семен.

«ПЯТАЯ КОЛОННА»

«РАБОТАТЬ Я БУДУ В ЕВРОПЕ»

Неподалеку от Ужгорода начинается Береговский район, где компактно проживают венгры.

Когда попадаешь сюда, создается четкое ощущение, что уже покинул пределы Украины. Местное население живет не по киевскому, а по будапештскому времени, а люди моложе тридцати, как правило, не говорят ни по-украински, ни по-русски.

В одном из сел района я попытался спросить у группы школьников о памятнике какому-то необычному солдату возле деревенской церкви. Увы, ни учитель, ни школьники не говорили ни по-русски, ни по-украински.

Спасло меня лишь появление новой девочки.

— Я наполовину украинка и поэтому немного говорю по-русски. Наш учитель из Венгрии, и он, как и мои одноклассники, говорит только по-венгерски. Памятник, который вас заинтересовал, изображает венгерского легионера, воевавшего за Австро-Венгрию в Первую мировую.

Районный центр Берегово неотличим от старинных европейских городков, а от обилия монументов мадьярским героям с венгерскими флагами рябит в глазах.

Возле главного костела города, одной из самых древних церквей Закарпатья, стоит памятник основателю венгерского государства — королю Иштвану Святому.

В Будапеште открыто не претендуют на возвращение венгерских районов Закарпатья и других «отторгнутых» земель, но не стесняются выражать поддержку «зарубежным соотечественникам».

Название Венгерская Республика было заменено на Венгрию, что должно было показать, что Будапешт считает своими и зарубежных мадьяров.

Эта поддержка активно подкрепляется действиями; в частности, почти все закарпатские венгры имеют сегодня, кроме украинского, и венгерский паспорт.

Местная венгерская молодежь часто и не собирается учить украинский: «Зачем? Все равно учиться и работать я буду в Европе, а не в этой стране».

«ЭТО ПРОСТО ГНЕЗДО СЕПАРАТИСТОВ»

Первом делом в Берегово я решил отправиться в краеведческий музей, с директором которого, Иваном Шепой, я познакомился пять лет назад.

Тогда в музее меня поразило то, что большая часть экспозиции была посвящена присоединению Берегово к Венгрии в 1939 году. На многочисленных фото показаны горожане, с восторгом встречающие венгерскую армию. Чувствовалось, что сотрудники относились к этому событию с особым трепетом.

«Мы живем на своей земле, а разные страны к нам приходят в гости. Моя бабка, не выходя из своей хаты и без всяких виз, побывала в семи государствах (с начала XX века Берегово успело побывать в составе Австро-Венгрии, Румынии, Чехословакии, Венгрии, Закарпатской Украины, СССР и Украины). Этой территорией правили 53 короля, одна королева и один князь. А венгры живут на этой земле с 896 года», — не без гордости рассказывал мне тогда директор краеведческого музея.

Увы, выяснилось, что с началом войны музей закрыт, и в нем теперь работает волонтерский центр.

От огорчения я решил перекусить в ресторане. Пища в нем была исключительна венгерская. Заказал гуляш. Оказалось очень вкусно, даже лучше, чем в Будапеште. Когда я приступил к кофе, меня осенило поискать телефон бывшего директора в интернете, и я его нашел сразу!

На мою беду, телефонный разговор с Иваном Шепой услышал пьющий за соседним столом водку с пивом без закуски парень лет тридцати. Молодой человек просто жаждал со мной общаться:

— Ой, как здорово, что вы американский журналист! Я приехал сюда из Киева к своей девушке, и знаете, что я вам скажу: это гнилое место! Это просто какое-то гнездо сепаратистов. Местные отказываются говорить на украинском, но ведь и в Донбассе все с этого же начиналось!

К счастью, наш разговор был прерван появлением Ивана Шепы.

Как он утверждает, большинство закарпатских венгров поддерживают премьер-министра Венгрии Виктора Орбана, так как он очень сильно помогает своим землякам. Причем не только вкладывает деньги в инфраструктуру, но и даже доплачивает пенсии пенсионерам.

Естественно, такая поддержка со стороны откровенного противника военной помощи Украине вызывает раздражение Киева.

В июле 2023 года госсекретарь по вопросам национальной политики правительства Венгрии Янош Арпад Потапи, выступая в венгерском молодежном лагере в Словакии, заявил, что

«150 тысяч закарпатских венгров не имеют никакого отношения к войне между двумя славянскими народами и не обязаны помогать какой-то из стран, вовлеченных в эту войну».

Косвенным подтверждением того, что многие закарпатские венгры не считают войну с Россией своей, является их массовое бегство из Украины после начала боевых действий в Донбассе в 2014 году и, особенно, после начала так называемой «СВО» в 2022-м.

По утверждению председателя Демократического Союза венгров Украины Ласло Зубанича, в настоящее время в Закарпатье может проживать от семидесяти пяти тысяч до ста тысяч венгров, «и меньшее число, вероятно, является более точным».

При этом Украина по мере сил пытается повлиять на политическую ситуацию в Венгрии. В Будапеште я неоднократно видел, как украинские беженцы распространяли листовки против Орбана, а на митинге венгерской оппозиции Юлия Навальная заявила, что «так же как Путин — это не вся Россия, Орбан — это не вся Венгрия».

КИЕВСКИЕ ИСТОРИИ

На мою беду, мой поезд в Киев прибыл в 12 ночи, то есть в аккурат к началу комендантского часа. Мне объяснили, что вроде есть специальные такси с пропуском, но это оказалось враньем. Украинские полицейские, узнав, что мой отель всего-то в одном километре, посоветовали мне идти пешком.

— Да вы не бойтесь. Никаких бандитов, ну, в крайнем случае, такие парни как мы остановят.

— Ребята, но я же иностранец. И украинского не знаю.

— Да, и заблудиться можете. Есть такие ребята, ну, типа такси, но без шашечек, но денег они берут — мама родная! Дойдите до главного выхода из вокзала и спросите полицейских, они вам этих бедовых покажут.

Интересно, что украинские полицейские не пытались на мне нажиться, искренне хотели мне помочь и даже не спросили у меня документов.

«Бедовые» запросили с меня тысячу гривен (тридцать долларов)

— Ребята, вы чего? Тут же всего один километр. Давай пятьсот.

— Мы берем не за расстояние, а за риск. Дай хоть шестьсот.

Я остановился всего-то за тридцать долларов в роскошных апартаментах на тридцатом этаже и наблюдал за абсолютно пустынным, но хорошо освещенным городом.

Где-то в три ночи раздался сигнал воздушной тревоги, я позвонил на ресепшн на первом этаже.

— Да, у нас есть бомбоубежище, но идти туда не надо. Киевляне давно уже поняли, что вероятность попадания бомбы ничтожна. Расслабьтесь и спите дальше!

На следующее утро я вместе со своим киевским приятелем Дмитрием отправился гулять по Киеву. Город поражал своим мирным беззаботным видом, толпами фланирующих хорошо одетых людей.

Немногие напоминания о войне — обложенные мешками, защищающими от бомбардировок, исторические памятники, а также разбитая российская военная техника, выставленная на Михайловской площади в центре города.

Техника исписана надписями на украинском, нередко перемешанными с русским матом. Мне запомнилась такая надпись на разбитом российском танке: «Киев Русь крестил, он ее и отпоет».

— Да, вначале было немного страшно. Но потом люди поняли, что вероятность попасть под бомбежки минимальна. Теперь я вполне приспособился к новой жизни. Лично я боюсь одного — угодить в армию. Ещё очень неприятно, что теперь меня как мужчину призывного возраста не выпускают за границу, — говорит мне приятель.

Более того, по мнению Димы, из войны можно даже извлекать плюсы:

— Сегодня гражданам Украины довольно легко устроиться на учебу на Западе. Причем оплачивается даже проживание. Мой старший сын, например, учится в Англии.

НОВАЯ РОДИНА-МАТЬ

Погуляв по центру, мы отправились к бывшему советскому монументу Родины-матери. Это самая высокая монументальная скульптура Европы и пятая в мире. Высота монумента с постаментом — 102 метра.

Статуя изображает женщину, которая поднимает вверх щит и меч. Раньше на щите был изображен герб СССР, но несколько месяцев назад его заменили на трезубец. Так знаменитый советский пропагандистский монумент неожиданно приобрел новый идеологический смысл

Рядом с памятником расположен музей Великой отечественной войны, он по-прежнему функционирует, но теперь львиная доля экспозиции посвящена нынешней войне.

«Сейчас идет реэкспозиция основных залов музея. В прежнюю экспозицию вносится много дополнений о роли украинцев во Второй мировой войне.

Важно развеять кремлевский миф, что Россия могла выиграть войну и без участия в ней украинцев, которых в те годы погибло около шести-семи миллионов человек.

Собрано более десяти тысяч экспонатов. В пику российской пропаганде мы доказываем, что идет настоящая война, а не какая-то там специальная военная операция», — рассказывает мне научный сотрудник музея Олексий Ралдугин.

Экспозиция действительно сделана мастерски. Здесь и видеоинсталляции речей российского руководства об СВО, экспонаты как российской, так и украинской военной техники, листовки, сбрасываемые с военных самолетов РФ, дневники воюющих российских солдат и даже сымитированное бомбоубежище.

ПОЧТИ САН-ДИЕГО

Немного притомившись от обилия информации, мы решили поужинать. Дима решил повести меня в какое-нибудь необычное место.

Выбор был огромен. Это рестораны для хипстеров, богемной молодежи и даже геев. Лично я считаю московские рестораны лучше и разнообразнее американских. Так вот, «Первопрестольная» явно проигрывала Киеву. Все это как-то мало вязалось с классическим обликом воюющей страны.

— Как ни странно, люди сейчас даже чаще ходят в рестораны, чем в довоенное время. Сегодня все мы живем сегодняшним днем, поэтому люди тратят деньги легко, не задумываясь. Это напоминает пир во время чумы, — полагает Дмитрий.

В конце концов приятель привел меня в ресторан, специализирующийся на латиноамериканской кухне. Слева от нас сидела компания американцев, а справа смешанный коллектив: кубинцы, аргентинцы и уругвайцы. По пути в туалет я пообщался с двумя девушками из Доминиканской Республики.

Я был просто взбешен: проехать столько километров, истратить столько денег и оказаться в той же атмосфере, что и в родном Сан-Диего!

ВСЕ ДЛЯ ФРОНТА

Впрочем, по крайней мере, одна из сфер услуг Киева после начала СВО ухудшила свой сервис. Киев издавна славился своими недорогими и качественными жрицами любви, что привлекало сюда секс-туристов из Европы и, в первую очередь, из Турции.

Женщин можно было взять как в борделях, так и многих барах. Увы, сегодня предложение в этой сфере услуг резко сократилось. Мне не без труда удалось разговориться в одном из баров с девушкой с низкой социальной ответственностью Полиной. В начале разговор шел нелегко.

— А вы за нас или за кацапов?

— За вас, за вас! Как ты думаешь, могу я здесь ответить по-другому?

— Ну, иногда люди выпьют и расслабляются. Я так многих сдала.

— Не надо меня сдавать, лучше расскажи, как изменился ваш бизнес после начала войны.

— Очень многие девушки уехали из Киева поближе к линии фронта. Спрос на наши услуги там велик и цены высокие. Так, например, в Славянске и Краматорске за один раз берут 4000 гривен (сто долларов), ну а в Киеве девушка стоит всего лишь 2000 за час. Лично я предпочитаю синицу в руке журавлю в небе. Но многие девушки решили рискнуть, и что же?! Некоторые из них уже попали под бомбежку и лежат в госпитале

«ХОРОШИЙ РУССКИЙ — МЕРТВЫЙ РУССКИЙ»

На следующий день мои киевские друзья свозили меня в пригороды Киева, где в феврале 2022 года происходили ожесточенные бои с российской армией. Масштаб разрушений впечатлял; то, что я увидел, напоминало Грозный в январе 1995-го. Когда мы рассматривали руины, у женщины из нашей компании на глазах появились слезы: «Если честно, я даже не хотела вначале сюда ехать. Я до сих пор не могу спокойно смотреть на это!»

Но «всюду жизнь». Постепенно люди возвращаются. На некоторых разрушенных домах можно прочесть надпись: Help to restore our house («Помогите восстановить наш дом») — так люди надеются привлечь иностранных спонсоров.

Наиболее типичная картина: небольшой домик дачного типа рядом с руинами огромного особняка. Я поговорил с обитательницей такой «новой дачи» Ириной. Вот ее рассказ.

Я работаю главным бухгалтером в одной частной фирме, мой муж главный инженер в одной компании. Мы типичный upper middle class. И именно такие же как мы люди жили в Буче и окрестностях, когда сюда вошли российские войска. Это типичный suburb, если использовать американскую терминологию.

У нас был очень большой удобный дом, который и разрушили русские. Да, мы получили от государства компенсацию, но ее хватило лишь на постройку такой «дачки». Что ж, мы не унываем — головы и трудолюбие у нас с мужем есть, постепенно построим и новый особняк.

Главное, чтобы нас оставили в покое «старшие братья»; после того, что произошло, мы ненавидим все русское. Хороший русский может быть только мертвым.

«ЭТОТ ГНУСНЫЙ ЯЗЫК»

«ЭТОТ ГНУСНЫЙ ЯЗЫК»

Каждый раз, бывая в Киеве, я посещаю дом любимого мною Михаила Булгакова. Впервые я побывал здесь еще в советское время. Тогда здесь не было музея, но сюда со всего Советского Союза приезжали поклонники писателя.

Дочь бывшего домовладельца — прототипа Василисы из «Белой гвардии» — проводила в то время неофициальные экскурсии и делилась сомнительными детскими воспоминаниями. После обретения Украиной независимости дом Булгаковых стал государственным музеем и обзавелся памятником писателю.

Спору нет, Михаила Булгакова трудно назвать удобным писателем для украинских патриотов.

Сильнее большевиков писатель Михаил Булгаков, очевидец киевской смуты 1918 года, ненавидел только сторонников украинской независимости. Первых он хоть немного уважал, вторых же считал опереточными, но крайне неприятными и опасными типами.

А уж украинский язык писатель и вовсе воспринимал как недостойное существования лингвистическое недоразумение. Вот, например, слова доктора Турбина (по мнению ряда литературоведов, списанного писателем с самого себя) из «Белой гвардии»:

«Я б вашего гетмана за устройство этой миленькой Украины повесил бы первым!.. Кто терроризировал русское население этим гнусным языком, которого и на свете не существует? Гетман. Сволочь он, — с ненавистью продолжал Турбин. — Ведь он же сам не говорит на этом проклятом языке! А? Я позавчера спрашиваю эту каналью, доктора Курицкого, он, изволите ли видеть, разучился говорить по-русски с ноября прошлого года. Был Курицкий, а стал Курицький... Так вот спрашиваю: как по-украински „кот“? Он отвечает: „Кит“. Спрашиваю: „А как кит?“ А он остановился, вытаращил глаза и молчит. И теперь не кланяется».

Тем не менее, когда я побывал в музее в 2019 году, он работал без проблем. Научный сотрудник музея Михаила Булгакова, миловидная женщина лет сорока, не стала спорить со мной по поводу политических взглядов писателя и его нелюбви к украинским националистам.

Да, это так, но из этого не следует, что в Киеве не любят Булгакова, как раз совсем наоборот. На Майдане ж стояла, в основном, интеллигенция, и у них очень популярны были цитаты из Булгакова.

В основном, правда, вспоминали «Собачье сердце», сравнивая наших титушек (обобщенное название народных дружинников, боевиков, гопников, выступавших на стороне властей во время событий на Майдане. — Авт.) с Шариковым. Когда Виктор Янукович перестал выходить на связь, то стали цитировать пьесу «Иван Васильевич меняет профессию»: «А царь-то ненастоящий!»

Правда, по наблюдениям женщины, русского писателя в основном вспоминали люди старшего и среднего поколений, воспитанные на его творчестве, а не мальчики и девочки, которые вышли на Майдан. Те больше вдохновлялись «Властелином колец».

Объяснение тут простое: в «Белой гвардии» царством Антихриста и средоточием зла представлялась Москва, а вот у молодежи подобные ассоциации вызывал толкиновский Мордор.

Но даже в самый разгар смуты музей писателя-монархиста не трогали — на дом даже водрузили табличку «Объект охраняется „Правым сектором"».

Увы, когда я посетил музей в 2024, все уже было не так хорошо. Вандалы залили мемориальную доску на музее красной краской. Как мне сказали сотрудники этого учреждения, стирать ее бесполезно: обещали, что сразу зальют снова. А вот по официальной версии музея, краску не смывают как предостережение от варварства.

«Мы так и оставим. Это тоже коммуникация. Все ясно, почему так происходит, из-за чего. Историю не нужно запрещать, нужно говорить, что такие личности, как Булгаков, требуют объяснения, потому что это все равно наша история.

Мы должны понимать, почему так получилось, почему были такие взгляды или не такие. Не все знают. Чаще всего цитируют его произведения, не очень понимая, какой исторический контекст, что именно он писал, какие у него были политические взгляды», — объясняет решение сотрудников директор музея Людмила Губириани.

Принятый на излете правления Петра Порошенко закон о языке окончательно перевел русский язык на кухонный уровень.

Теперь образование полностью переведено на украинский. Более того, рассматривается законпроект, что говорить на русском будет запрещено даже на переменах.

Все культурно-массовые мероприятия должны проводиться на государственном языке. Использование других языков разрешается только в том случае, если это «„оправдано творческим замыслом организатора". Телепередачи на русском или других языках должны дублироваться на украинском, а если кто-то из участников программы говорит на другом языке, телерадиокомпания должна обеспечить синхронный перевод.

Согласно закону о языке, сотрудники музеев обязаны проводить экскурсии с гражданами Украины только на украинском. Видимо, в музее Булгакова меня приняли за местного, так как его сотрудники общались со мной исключительно на языке Шевченко.

Согласно тому же закону о языке, продавцы и официанты обязаны начинать общение с клиентом на украинском, но по просьбе клиента имеют право переходить на другой язык, «приемлемый для сторон». Однако на практике продавщицы часто соглашались говорить со мной по-русски лишь без свидетелей, по-видимому, попросту опасаясь скандала.

Приведу пример моего общения со знакомым официантом в ресторане, где я часто обедал. Как-то он, перейдя на шепот, с извинениями сообщил мне, что сегодня сможет говорить со мной только на украинском или английском: «За соседним столиком компания, которая крайне нервно реагирует на русский язык. Они начнут обвинять меня в нарушении закона. Я, конечно, могу объяснить им, что нарушения закона нет, так как говорю по-русски по вашей просьбе. Но зачем нам скандал?! Ради бога извините».

Вообще, реальная практика может сильно отличаться от принятого в относительно спокойное время закона. Идет война, напряжение в обществе сильное чрезвычайно. Люди перестраховываются, конкретный начальник может установить более жесткие правила (скажем, на всякий случай), и тому подобное.

Один раз жертвой новой языковой политики оказался и я лично. Как-то, когда я ехал в такси, мне позвонили из службы заказов (произошла какая-то путаница с подачей машин). Я сказал женщине, что плохо понимаю ее на украинском, но она продолжала беседовать со мной на государственном языке, хотя, как раз, в разговоре была заинтересована она, а не я. Как мне объяснили, по закону о языке женщина имела право перейти на русский, но видно перестраховывалась или просто не желала говорить на языке агрессора.

Летом 2022 года Верховная рада Украины приняла закон, запрещающий импорт и распространение книг из России, Беларуси и с оккупированных территорий (речь идет как о продукции российских издательств, так и о произведениях российских авторов). Запрет не распространяется на книги российских авторов, изданные в Украине до 1 января 2023 года.

По словам директора украинского издательства Laurus Полины Лавровой, в 2014–2016 годах ассортимент книжных изданий в Украине на 80% состоял из российских книг; к 2022-му, по оценке Лавровой, доля сократилась до 35–40%.

Вероятно, именно то, что почти все книги на русском привозились в Украину из России, привело к тому, что книги на русском в украинских магазинах достать крайне сложно. Киевские знакомые жаловались мне, что вынуждены покупать книги на русском на рынке из-под полы или заказывать их в интернете.

ЛИРИЧЕСКОЕ ОТСТУПЛЕНИЕ
Впервые я попал в Украину в середине 70-х прошлого столетия. Я отдыхал вместе с родителями в деревне Желдаки

Конотопского района. Местные жители говорили на суржике с довольно большой долей украинских слов: «Вин был гарный хлопец» и так далее, но, в отличие от классического украинского, все было понятно — это был просто слегка искаженный русский.

Кстати, жена друга отца, родом из Конотопа, которая и организовала нам эту поездку, в студенческие годы специально ходила на Киевский вокзал в Москве, чтобы послушать привычный язык.

Никакого национального напряжения мы не чувствовали, местные крестьяне вполне ощущали себя советскими людьми и даже в страшном сне не могли помыслить про самостийность.

В следующий раз я был в Украине в 1980. Вместе с одноклассниками по математической школе мы ездили в Киев.

Жили мы в спортзале одной из киевских математических школ и довольно много общались с местными учениками.

Мы видели дом Булгакова (тогда он еще не был музеем), древние соборы, фрески Врубеля, но ни разу во время нашего недельного пребывания в городе не возникало никаких разговоров на украинскую тему. Похоже, ученики школы о том, что формально Киев находится на украинской территории, просто не помнили.

К слову, не только принимавшие нас школьники, но и другие киевляне, в отличие от деревенских жителей, говорили на чистом русском (единственное отличие с Москвой — мягкое «г»), и за неделю пребывания в Киеве я ни разу не слышал не только украинского, но и суржика.

Если бы во время той экскурсии я сказал бы местным школьникам о том, что случится с Украиной через сорок лет, они бы сочли меня не вполне нормальным.

Вспоминается, современный анекдот, как Гагарин вернулся в наше время.

— Ну что, на Марс слетали?

— Нет.

— Гм, ну а какие новости?

— Да вот, с Украиной пленными меняемся.

На лице Гагарина появляется растерянное выражение:

— С кем-с кем меняетесь?

Уже другим я застал Киев в 2019-м. Все надписи в магазинах были только на украинском, и на этом же языке были обязаны начинать беседу с покупателями продавцы. На государственном языке написаны и все инструкции, так что для меня было проблемой даже пополнить счет на телефоне.

В городе уже довольно часто можно было слышать как суржик, так и украинский.

Я родилась в небольшом городке под Киевом, но вот уже 20 лет, как живу в столице, — рассказывала мне дородная украинка Полина, владелица небольшого цветочного магазинчика. — В моей семье всегда говорили на суржике, а вот со своим сыном я стала говорить только на литературном украинском.

Недавно с ребенком поехала родителей навестить. От вокзала нас вез таксист. Он был просто в восторге от настоящего украинского языка моего сына: «Что ж, — говорит, — с такими детьми, может, Украина и возродится!»

Некоторые коренные киевляне почему-то не разделяли восторга по поводу такого возрождения:

— Лет двадцать назад в Киеве просто невозможно было услышать украинскую речь. Но после распада Союза все больше людей из деревень переселяются в столицу. В начале они на суржике говорили, а теперь уже и на литературном украинском общаться пытаются, — рассказывает пожилой мужчина.

В 2019 году в Киеве из 491 школы русских оставалось лишь тринадцать.

Вынужден был отдать свою дочку в украинскую школу. Главный минус такого обучения в том, что писать по-русски дети не могут вообще, — возмущается знакомый киевский бизнесмен. — Но это не единственная проблема: русскую литературу проходят как иностранную и в значительно меньшем объеме, чем в России, зато моего ребенка пичкают произведениями местных писателей, неизвестных за пределами Украины. Нет, ты пойми, я не против украинского и считаю, что все граждане Украины должны знать его. Пусть в русских школах введут интенсивный курс украинского языка, но я не могу понять, почему моего ребенка вынуждают забыть родной язык и культуру?!

Тогда, в 2019 году, мне казалось, что Киев достиг просто пика украинизации. Как выяснилось я сильно ошибался.

РОССИЯ ДЛЯ НАС ТАКАЯ ЖЕ ЗАГРАНИЦА, КАК И ФРАНЦИЯ

В отличие от моей предыдущей поездки в Киев, теперь горожане, причем даже те, кто не имеет ни капли украинской крови, одобряли такую языковую политику

— Вот, посмотри какая у меня шикарная библиотека на русском! — говорит мне знакомый киевский еврей, который когда-то работал со мной в одной из московских газет. — Я все это читал и перечитываю, а вот на улице я предпочитаю говорить по-украински, хотя мне это и нелегко, так как мой родной язык русский. Мои дети будут говорить на украинском и английском, но не на языке «старшего брата». «Русский мир» уже показал, насколько он опасен, и нам нужно решительно порвать с Россией все культурные связи. В наших городах не должно быть памятников россиянам, историю России, русскую литературу нужно изучать в школах как иностранную, а вот факультативно, пожалуйста, можно изучать углубленно русских классиков, историю России. По-моему, очень логичная позиция.

— Почему русскую литературу нужно изучать глубже, чем французскую? Россия для нас такая же заграница, как и Франция, — рассуждает русский из Крыма, окончивший отделение русского языка и литературы Симферопольского университета, журналист и боец ВСУ Павел Казарин.

По его мнению, региональная принадлежность оказалось сильней крови, биологического происхождения, и большинство русскоязычных Украины предпочли «украинский мир» русскому.

Похоже он прав, но такой выбор был сделан только после длительных бомбежек, унесших жизни тысяч детей и женщин.

Конечно же в Украине есть и те, кто не готов порвать с русской культурой.

— Ладно, сегодня сдадим в макулатуру книги на русском. А потом будем сдавать и личные фотографии, где мы в красных галстуках или (не дай Бог!) на фоне Ленина — смеется шестидесятилетняя преподавательница английского языка киевского университета Елена.

Кстати, эта женщина жалуется, что в силу возраста, ей дается изучение украинского нелегко:

— Отношение к русскому языку до и после 24 февраля 2022 нельзя сравнивать. Конечно, я и сейчас могу позволить себе тихо говорить на русском, но каждый раз я ловлю себя на мысли, что может прилететь замечание или агрессия. Когда я начинаю говорить на украинском, мне немного сложновато, так как все равно думаю на русском. Я и часто извиняюсь, и прошу разрешения перейти на русский, и каждый раз в этот момент мне кажется, что кто-то мне скажет: английский выучила, а украинский никак не можешь? Я устала приводить в пример Швейцарию, я устала говорить, что в Британии на сайте правительства для украинцев информация на трех языках, и спасибо Британии, хоть британцы уважают мои границы и рамки. Дай Бог, чтобы проблем у Вас не было, возможно это мои страхи и мои психологические травмы, но для меня эта тема искренне болезненная.

Впрочем, даже Елена не против «украинизации», а выступает лишь за ее более мягкую форму. Но даже таких умеренных критиков явное меньшинство, и почти все они — люди старшего возраста.

Скорее всего, через десяток лет большинство жителей Украины перейдет на украинский, а русская культура будет известна в стране не более, чем испанская или французская.

«ФАШИСТЫ МОСКАЛЕЙ КРАШЕ» (РЕПОРТАЖ ИЗ ЛЬВОВЩИНЫ)

БЬЮТ НЕ ПО ПАСПОРТУ, А ПО МОРДЕ

Скажу честно, в последнюю свою поездку я был во Львове всего несколько часов. Дело в том, что мои знакомые из западной Украины считали это небезопасным:

— С твоим русским языком туда лучше не соваться, вначале побьют, а потом разбираться будут.

Это подтверждала и моя переписка в социальных сетях. Вот мой диалог с незнакомым мне западным украинцем, написавшим мне в личную почту после того, как узнал, что я собираюсь ехать в западную Украину.

— Есть два варианта. Ты или дурак, или полный дурак. Тебя у нас просто съедят. Мы вашу страну ненавидим.

— Но у меня же американский паспорт.

— Бьют не по паспорту, а по морде.

Более того, в соседнем со Львовом Ивано-Франковске по инициативе мэра города начали работать языковые патрули. Волонтеры патруля делают замечания продавщицам и прохожим, общающимся на русском языке. Впрочем, так как разговоры на русском не запрещены, то каких-либо карательных мер за этим не следует. То есть, поступают более гуммано, чем в Молдове времен фашистской Румынии, где за разговоры на русском полагался штраф.

Тем не менее я решил побыть во Львове несколько часов и пообщаться с людьми по-русски. Нет, меня никто не побил. Более того, люди мне отвечали, правда, на украинском.

Но все же чувствовалось какое-то напряжение. Довольно часто меня спрашивали, откуда я. Причем, их не удовлетворял мой ответ, что я из США, львовян интересовало, где я родился.

Интересно, что в 2019 я говорил во Львове по-русски совершенно спокойно и, более того, мне, как правило, отвечали по-русски.

В общем, я решил не искушать судьбу. Тем более в западной Украине меня интересовали черты украинского национализма, а этот вопрос я изучил в 2019. Рассказ об этой поездке и приведен ниже.

УКРАИНСКИЙ ФАШИЗМ: МИФ ИЛИ РЕАЛЬНОСТЬ?

Одно из официальных объяснений Кремлем необходимости так называемой СВО — засилие фашистов в Украине. Конечно же, этот тезис не выдерживает серьезной критики.

Фашистская идеология в Украине напрямую запрещена законом, и даже правые и крайне правые партии, которых часто называет фашистскими российская пропаганда, не имеют сколько-то значимой популярности.

Победивший на президентских выборах Владимир Зеленский по национальности еврей. Во время Второй мировой войны три родственника Зеленского стали жертвами Холокоста, а его родной дед прошел войну в составе Красной армии и был награжден боевыми орденами.

На последних парламентских выборах в Украине (в 2019 году) коалиция националистических и правых партий (в том числе признанная экстремистской и запрещенная в России организация «Правый сектор») смогли набрать только 2,15% голосов, вообще не пройдя в Раду. Бывший лидер «Правого сектора» Дмитрий Ярош лишился своего депутатского мандата.

Праворадикальная партия «Свобода» получила в парламенте лишь одно место по мажоритарному округу.

Однако, хотя в Украине и нет нацизма, в западной части страны действительно популярны исторические герои с достаточно сомнительной репутацией.

По мнению знаменитого американо-французского писателя, исследователя истории Украины времен Второй мировой войны, Джонатана Литтела, из-за длительного разделения страны, в Украине «сохранилось два различных воспоминания о Второй мировой войне: жители востока восприняли ее через призму разрушений, принесенных нацистским вторжением, и сражений в составе Красной армии, а жители запада — через сопротивление советскому тоталитаризму. Это привело их сначала к сотрудничеству с немцами, участию в Холокосте и жестоким этническим чисткам польского населения, а затем — к годам партизанской войны, после того как СССР в 1944 году окончательно аннексировал Западную Украину».

Увы, такое относительно толерантное отношение к нацистам отчасти сохраняется в западной Украине и сегодня. Так, уже во время нынешней войны в составе ВСУ есть батальон «Нахтигаль» (во время второй мировой войны одноименный украинский батальон был в составе вермахта). Современный «Нахтигаль» даже вторгся в Курскую область!

Во время Второй Мировой войны одноименный батальон так далеко не продвигался. Более того, в сеть попало видео, как украинские военные-западенцы, один из которых в каске с эмблемой «SS», издеваются над пенсионером в Курской области. Свои действия украинские солдаты, называвшие пожилого мужчину «русиш швайн», сами записали на видео и выложили в интернет.

В Украине также выпускаются футболки с эмблемой третьего рейха, где вместо свастики размещен украинский трезубец. Можно также вспомнить и скандал с Владимиром Зеленским, аплодировавшим в канадском парламенте бывшему эсесовцу из дивизии «Галичина». Да, украинский президент не знал, кому он аплодирует, но то, что Зеленский не извинился, свидетельствует о том, что в сегодняшней Украине достаточно сильны позиции людей, симпатирующих украинским коллоборантам с гитлеровцами. Большинство их родом с западной Украины.

«ТОНЬШЕ ЛИЦАМИ, ПОДВИЖНЕЙ»

Приведу свои впечатления о поездке по Львовской области в 2019 году.

Львов — негласная столица исторического региона Галиция, которую сейчас занимают Львовская, Тернопольская и Ивано-Франковская области. Большая часть этих земель до окончания Первой мировой войны входила в Австро-Венгрию, затем была частью Польши до прихода СССР в 1939 году.

Кстати, поляки считают, что все архитектурные памятники здесь создали именно они.

Как писал в «Белой гвардии» Булгаков, по сравнению с восточными украинцами галичане «тоньше лицами, подвижней». После моей поездки я склонен с ним согласиться: люди здесь и правда больше похожи на поляков или даже венгров.

Эффект усиливается от постоянно проскакивающих в речи польских словечек и европейских манер жителей Львова: водители пропускают пешеходов, одеваются на западный манер, сидят в кафе с ноутбуком или газетой.

Если не знать, где находишься, город просто неотличим от польского или чешского.

Во Львове я было решил, что злоупотребил горячительными напитками, и последствия не заставили себя ждать. Сижу себе в ресторане, пью коньяк, а тут взвод бандеровцев проходит. Бравые такие, с оружием, только одеты по моде 1940-х. Проводил их взглядом, вернулся к коньячку, а тут вслед за бандеровцами — евреи. Бредут унылые по улице с могендовидами на груди...

Проводил и их взглядом и сижу в недоумении. Жутковатое ощущение. Пока думал, к чему бы это, еще одна группа евреев подошла. Тут уж я не выдержал и обратился к ним с вопросом по поводу их костюмированного шествия. Оказалось, здесь недалеко фильм снимается, и это массовка со съемок.

— Погромы-то уже были? (Нападения на евреев в 1941 году в Львове, устроенные местными националистами с одобрения немецкой администрации. — Авт.) — Нет, через неделю приходите.

Один «иудей» посоветовал сделать фото и продать в российскую прессу с короткой подписью: «На улицах Львова». Думаю, что он был прав, а я упустил большие деньги.

«ОСВОБОДИТЕЛИ» ИЗ СС

Один из самых больших памятников во Львове, по своей пафосности и стилю исполнения сравнимый с советскими монументами Ильичу, — памятник Степану Бандере. Рядом с ним установлена детская площадка. Сегодня любой львовский малыш знает имя этого национального героя, как все советские дети знали «дедушку Ленина».

От памятника Бандере отправляюсь в музей «Освободительного движения Украины». Несмотря на то, что я говорил по-русски, встретили меня здесь очень радушно, а узнав, что я журналист, и вовсе бесплатно дали мне экскурсовода, симпатичного молодого человека по имени Тарас.

Экспозиция просто рябит обилием фотографий украинских «героев» в нацистской форме. Но Тарас уверен, что союз с фашистами был временным, и к тому же бандеровцы воевали, по его словам, и против немцев.

Экскурсовод напомнил, что, в отличие от Прибалтики, Галиция никогда не входила в состав Российской империи. При этом в Австро-Венгрии украинцы обладали культурной автономией, тогда как царские власти отказывались признавать украинцев как нацию.

Поэтому во время Первой мировой войны местные жители с воодушевлением сражались против вторгшихся в Галицию россиян. Так что, по мнению Тараса, «союз западных украинцев с немецкоязычными народами имеет давнюю историю».

После посещения этого музея меня уже не удивил огромный мемориал «Борцам за свободу Украины» на историческом Лычаковском кладбище Львова.

Памятники посвящены борцам разных лет. Первым монументом была стела, установленная в честь солдат Украинской Народной Республики, погибших в боях с польской армией в 1918 году. Рядом множество могил бойцов УПА, среди которых почему-то возвышается памятник бойцам дивизии СС «Галичина». По соседству с этим монументом были могилы военнослужащих украинской армии, погибших на нынешней войне на востоке страны.

БАНДЕРОВЦЫ И ЕВРЕИ

Интересно, что несмотря на героизацию SS, во Львове сегодня действительно почти нет антисемитизма... Впрочем, как и евреев.

До Второй мировой войны евреи составляли около трети населения Львова. Накануне перестройки их численность также была относительно высокой — более двух процентов (а с полукровками значительно больше). Увы, в последующие годы почти все они уехали в Израиль или США.

Когда я был во Львове в 2019 году, там осталось менее двух тысяч евреев — почти все они были людьми преклонного возраста. На массовую эмиграцию не повлияли и символические жесты городских властей: еще в 1992 году во Львове был сооружен памятник жертвам еврейского гетто (третьего по численности после варшавского и лодзинского, где до дня освобождения дожили всего 300 человек), в городе есть улица Шолом-Алейхема.

Во Львове действует и синагога, хотя число ее прихожан составляет всего несколько десятков пожилых людей.

Я поговорил с этими людьми. Все они были единодушны: после начала конфликта с Россией антисемитизм из Львова напрочь исчез — украинцам сейчас не до евреев.

Вообще-то, как говорят специалисты, на территории бывшего СССР явление, когда антисемитизм исчезал или существенно ослабевал, замещаясь другими фобиями, уже имело место.

Как признавали некоторые еврейские лидеры России, антисемитизм в РФ резко спал, когда ему на смену пришли антикавказские настроения. А во Львове, после начала военных действий в Донбассе и развернутой российской пропагандой кампании по обвинению новых украинских властей в фашизме и национализме, евреи и вовсе стали своего рода «священной коровой».

Я прошелся по бывшим еврейским кварталам и беседовал о его прежних обитателях с обитателями нынешними — украинцами. Принимали меня за еврея (я не спорил), но беседовали очень доброжелательно:

«Ваших сейчас из Израиля много приезжает, тоже интересуются. Вы еще в парк при роддоме (бывший еврейский госпиталь) зайдите, там какие-то ваши святыни сохранились».

На многих магазинах и кафе бывшего еврейского квартала даже восстановили надписи на идише, как это было во времена, когда город еще входил в состав Австро-Венгрии. Хотя кому их читать?

В «БАНДЕРШТАДТЕ»

Из Львова я решил отправиться в Стрый. Городок в шутку называют «Бандерштадтом» — это, пожалуй, самое бандеровское место во всей Галиции.

Кстати, знаменитый украинский националист учился здесь в гимназии, а в послевоенные годы в окрестных лесах действовало мощное партизанское движение.

Город увековечил знаменитый немецкий писатель Генрих Белль: в его повести «Поезд прибывает по расписанию» немецкий солдат едет в 1943 году на Восточный фронт и, глядя на карту, чувствует, что умрет в Стрые. Это название приводит его в ужас. В итоге он действительно погибает здесь во время нападения партизан.

По пути с вокзала разговорился с таксистом. По его мнению, не только Донбасс, но и Кубань, и даже Ростовская область — исконные украинские земли. Правда, водитель уклонился от ответа на мой вопрос, собирается ли Украина «освобождать» и эти территории.

А в целом Стрый выглядит очень мирным городком с множеством старинных зданий и костелом. До прихода советской власти здесь жили в равном количестве украинцы, поляки и евреи. Сейчас почти все поляки и евреи уехали. Здание синагоги стоит разрушенное, а вот польский культурный центр с памятником местному польскому писателю, умершему уже на исторической родине, функционирует.

Местные «бандерштадцы» были со мной очень приветливы. Правда, отвечали мне часто на украинском, но, как мне показалось, не из принципа, а просто из-за плохого знания «москальского».

Например, продавщица, у которой я пытался купить кипятильник, честно призналась, что «усе русские слова добро разумеет», но говорить их не станет, просто потому что слова эти «дюже кривые выходят».

Знакомство с городом я начал с мемориала борцам за независимость. Музей расположен в бывшей австрийской тюрьме, где сидели украинские националисты. Молоденькая симпатичная девушка-экскурсовод в очках сразу предупредила, что не говорит ни по-английски, ни по-русски, потому что «уже из нового поколения и русский в школе не учила».

Поэтому наша прогулка по музею прошла в сопровождении пожилой смотрительницы, получившей еще советское образование, которая и переводила речь экскурсоводши.

Разговор зашел о времени, когда в Стрые стояли немецкие войска. Тогда в местной тюрьме сидели в основном украинцы, укрывавшие евреев.

Мои собеседницы рассказывают, что на самом деле таких было немного, а кто-то наоборот помогал евреев отлавливать. А вот националисты из УПА как раз с немцами тогда повоевали, Им не нравилось, что людей насильно увозят в Германию работать, поэтому бандеровцы нападали на эшелоны.

Решаюсь задать вопрос, какая же оккупация краше — «фашистская» или «москальская»?

«Фашистская. У немцев было все честно: они господа, мы холопы, а холопами управляют кнутом и пряником. В качестве кнута на местной площади стояла виселица, ну а за работу платили.

Советы же строили из себя друзей украинцев, а убили людей больше, чем немцы. И, кстати, при немцах, в отличие от большевиков, людей не грабили. У моего прадеда было много кирпича, он собирался строить новый дом. Немцы у него его забрали, но пообещали вернуть через месяц. Он им не поверил, а ровно через месяц видит, что к его дому идут обозы с кирпичом».

На прощание женщины похвалили меня за смелость, мол, не побоялся в «самое логово бандеровцев» приехать. В шутку объяснил им, что журналисту скандал — реклама, а я как раз книжку издал и в продажу запустил. Если меня арестуют или просто побьют, товар нарасхват пойдет.

«Ну, арест не обещаем, а второе организовать можем!» — пообещали дамы.

Увы, в музее Степана Бандеры все оказалось гораздо скучнее. Экскурсовод читала лекцию русскоязычной семье из Одессы по-украински, а те терпеливо слушали. Впрочем, со мной после честного признания в незнании украинского заговорили по-русски. (Напомню, что речь идет о 2019 году).

Ещё меня удивила статуя Степана Бандеры в натуральную величину. Оказывается, рост-то у него был всего 158 сантиметров.

«ПАМЯТНИК ВЛАДИМИРУ ПУТИНУ НА ВЛАДИМИРСКОЙ ГОРКЕ»

«ГОРОД — НЕЧТО ВРОДЕ ГОГОЛЕВСКОГО МИРГОРОДА»

Славянск для Украины — город знаковый. Именно сюда в 2014 году Кремль отправил боевиков Игоря Стрелкова, начав таким образом войну в Украине. После ожесточенных боев летом того же года город перешел под контроль киевских властей.

«Город — нечто вроде гоголевского Миргорода; есть парикмахерская и часовой мастер, стало быть, можно рассчитывать, что лет через 1000 в Славянске будет и телефон... Дома выглядывают приветливо и ласково, на манер благодушных бабушек», — так описывал Славянск побывавший здесь Антон Чехов.

Сегодня в городе есть и связь, и интернет, но провинциальный дух по-прежнему наполняет жизнь. Этот провинциализм объясняет и политическую пластичность части местных жителей.

В свое время бывший премьер-министр так называемой «ДНР» Александр Бородай объяснял, что Славянск был выбран для вторжения отнюдь не случайно. Думаю, что главная причина такого решения — внушаемость не слишком образованного и глубоко аполитичного местного обывателя.

Во времена, когда город контролировался ополченцами, на улицах висели плакаты: «Если ты не хочешь, чтобы твои жена и дети оказались в фильтрационных лагерях — вступай в ополчение!» И люди в это верили и шли воевать с «фашистами».

Таких относительно небольших (под сто тысяч жителей) городов очень много в Донбассе. За исключением Приднестровья, советское прошлое здесь ощущается сильнее, чем где-нибудь в бывшем СССР. Именно в таких городках живет большинство «ватников» — пророссийски настроенных, латентных сторонников «сепаратизма».

«Совковость» донбассцев стала притчей во языцех во всей Украине. Вот какие аргументы в 2015 использовал в эфире украинского телевидения боец антитеррористической операции (АТО) с Западной Украины, доказывая, что они воюют не с местными ополченцами, а с регулярной российской армией:

«Донбассцы — это такие недоразвитые люди, они даже машину толком водить не умеют. Очевидно, что если бы не Россия, то мы бы таких людей давно победили».

Увы, нечто подобное можно услышать и от вполне образованных киевлян. Так, мой киевский приятель — бизнесмен — был жутко возмущен аннексией Крыма, однако ничуть не горевал о возможной потере Донбасса, так как слишком много грубых, необразованных людей с психологией «ватников». Неудивительно, что такое, мягко говоря, неуважительное отношение отталкивало от Украины жителей Донбасса.

В то же время было бы ошибкой считать, что все жители украинского Донбасса не поддержали идеи Евромайдана.

В первом туре президентских выборов 2019 года, за антироссийских кандидатов голосовало около четверти жителей Донбасса. Правда, в нюансы политических платформ многие участники голосования не вдавались. Большинство используют простую логику: что плохо для России — хорошо для Украины.

— Я за Пороха (так в Украине называют Порошенко — *Авт.*) голосовал по одной причине — из всех кандидатов в президенты Путин больше всего ненавидит именно его! Что ж, значит Петро Олексиевича надо поддержать! — объяснял мне свои политические предпочтения один из донбассцев.

Показательно также, что пророссийской кандидат Юрий Бойко в первом туре президентских выборов 2019 года набрал в Донбассе наибольшее количество голосов (по Донецкой 38,7% и 42,5% по Луганской).

То есть когда Кремль говорит, что он защищает жителей Донбасса, выбравших Россию, это точка зрения, как минимум, спорна. А что делать с теми донбассцами, которые были за Украину?! Общественное мнение в регионе было расколото на две приблизительно равные части.

Как мне показалось, в среднем донбасские патриоты менее «совковы» и образованней своих пророссийских оппонентов. Например, очень активно поддерживают действующую власть сотрудники библиотеки Славянска. И вовсе не потому, что работникам бюджетной сферы так положено. Их настроение вполне искреннее, что подтверждается высокой гражданской активностью, свойственной волонтерам и активистам.

Среди поддержавших Бойко очень высок был процент сторонников по инерции: малограмотных старушек, сильно пьющих маргиналов. Как сказал мне местный бизнесмен, что если бы за участие в выборах было необходимо сделать минимальный взнос долларов в десять, то исход голосования был бы принципиально иной. И, похоже, он прав.

Иногда в головах сторонников «русского мира» откровенная путаница. Вот такой у меня в 2015-м произошел диалог с беженцами из Донецка на украинской территории:

— Вы за кого?

— За Украину. Если бы нас Россия к себе взяла — тогда другое дело, но это нереально. А в каком-то непонятном непризнанном образовании типа Приднестровья мы жить не хотим.

— А к Путину как вы относитесь?

— Ну, для нас он агрессор. Но с другой стороны обстоятельный такой мужчина, умный, решительный. Не то что наши так называемые президенты.

Очень важным фактором, влияющим на политические предпочтения, был возраст. Среди пожилых людей, ностальгирующих по СССР, был выше процент сторонников «русского мира», чем среди молодежи.

Сегодня в Украине уже выросло новое поколение, имеющее очень смутное представление о том, что за страной был Советский Союз, и просто не представляющее себе, как это Украина может не быть независимым государством.

«Какой-то союз государств тогда был. „Бабушка моя его очень хвалит“, — говорит молодая учительница физики из Славянска. — А кто в него входил, я и не знаю».

А мой знакомый израильский русскоязычный журналист рассказал о своей беседе с молодым киевским таксистом:

— Где же вы так хорошо русский язык выучили?

— Ну, я же родом из СССР!

— А разве Израиль в СССР входил? Я и не знал.

И дело не только в том, что новое поколение, выражаясь высокопарным языком, воспитано не на Пушкине и Достоевском, а скорей на Толкине и компьютерных играх.

Сама Россия для молодых украинцев часто более отдаленная страна, чем Европа. Если в советское время почти любой украинский школьник был на экскурсии в Москве, то сегодня он скорее поедет в Европу. Огромный процент украинской молодежи работали или учились на Западе.

Например, Польша массово набирает украинскую молодежь для обучения профессиям, невостребованным поляками. Неудивительно, что многие из таких молодых людей считают, что у их Родины нет ничего общего с Россией, а распространение русского языка есть лишь трагический результат колонизации.

На проевропейскость украинцев огромное влияние оказали и безвизовый въезд в шенгенскую зону на срок до девяноста дней, а также массовая эмиграция за границу (более десяти процентов населения страны) после начала российского вторжения. При этом большинство молодых украинцев скорее ощущает себя европейцами, а не украинцами, и уж точно не русскими.

БОЛЬШИНСТВО НЕНАВИДИТ РУССКИХ

Однако после открытой агрессии России и массированных бомбардировок восточной Украины даже инертные сторонники «русского мира» стали поддерживать Киев. Ниже репортаж о моей поездке в Харьков в 2024 году.

В Харьков из Ужгорода я ехал в двухместном купе. Моей соседкой была пожилая бизнесменка из Харькова, почти непрерывно дававшая по телефону инструкции подчинённым.

Выяснилось, что женщина вывезла в безопасный регион шестилетнего внука. Со мной она была очень дружелюбна, а поскольку в поезде не оказалось ресторана, я с удовольствием воспользовался ее запасами.

Вот наш диалог:

— Когда началась война, большинству было просто все равно, кто победит. Люди рассуждали так: «Русская, украинская власть... Какая разница?! Я все равно работать буду». Но когда начались бомбежки, начали гибнуть дети, настроение резко переменилось. Сейчас почти все за Украину.

— А ненависть к русским есть?

— У меня нет. К российским властям — да, но не к народу. А многие — да, начали ненавидеть всех русских. Хотя, конечно, это немного странно. Моя фамилия, например, Дмитриева, дома мы всегда говорили по-русски, и таких тут большинство. Правда, сейчас люди из принципа начинают переходить на украинский.

Харьков произвел на меня довольно странное впечатление. На первый взгляд, это совершенно мирный город с великолепными ресторанами, магазинами и праздно гуляющими толпами горожан.

Слегка перефразируя классиков, можно сказать: похоже, харьковчане рождаются на свет только за тем, чтобы отведать кофе с разнообразнейшими пирожными. Количество кофеен и «французских булочных» (где продается вкуснейшая сладкая выпечка) просто зашкаливает.

Вторая необычность Харькова — любовь горожан к высокохудожественному граффити (до этого граффити как реальное искусство я видел только в Латинской Америке).

В Харькове вполне профессионально и со вкусом исписана буквально каждая подворотня. Лично меня позабавил такой настенный плакат: «Задумался о смысле жизни и съел стакан семечек — результатом доволен».

Однако такая идиллия обманчива. Когда я заказывал номер в гостинице на соответствующем сайте, я натолкнулся на такое уведомление: «В настоящее время безопасность гостей в этом регионе находится под угрозой, вы заказываете номер в регионе кризисной ситуации».

Зато меня приятно удивила его цена. Номер в трёхзвёздочном отеле стоил всего пятнадцать долларов. Как объяснила необычную дешевизну администратор: «Так кто же к нам поедет? Харьков ведь бомбят!»

Когда я через приложение заказывал такси, мое положение на карте было указано неверно. Оказывается, после воздушной тревоги геолокатор не работает.

Так же, как и закарпатцы, харьковчане отнюдь не стремятся идти в армию. Аргументы те же, но на восточной Украине я услышал и более заковыристый: «В 21 веке для человека своя жизнь дороже абстрактной, пусть и самой благородной идеи».

Мой харьковский знакомый имеет бронь как отец троих детей. Но вот незадача, скоро его старшему сыну исполнится 18, и до этого момента мой приятель твердо решил покинуть Украину, чтобы не быть «закрытым» (мужчин без брони за рубеж не выпускают).

Дело в том, что мой приятель не может жить «без отпуска на каком-нибудь тропическом острове». Представляю, как во время Великой Отечественной войны какой-нибудь москвич сокрушался бы, что из-за агрессии Гитлера его не выпускают за границу, где он привык отдыхать.

Осуждаю ли я своего знакомого? Отнюдь нет. Он отличный парень с высокой моралью, просто люди сегодня уже другие, чем семьдесят лет назад.

Кстати, именно в этом прифронтовом городе я единственный раз за всю поездку стал жертвой бдительности граждан. Мой чисто московский говор вызвал подозрения у продавщицы, и она захотела, чтобы я показал ей паспорт.

Естественно, я отказался, и тогда женщина сказала, что вызовет полицию. Впрочем, дальше этой угрозы дело не пошло, и я спокойно вернулся в гостиницу.

Но все же, как оказалось, в городе есть и «ждуны» (так называют людей, ждущих прихода русских). Одним из них оказался подвозивший меня таксист: «Мой отец пошел добровольцем в ВСУ, а теперь жалеет. В армии бардак. Виноваты в этой войне США».

А вот следующий таксист, которому я рассказал о взглядах его коллеги, отреагировал крайне нервно:

— Зачем вы такое говорите?! У меня хоть родной язык и русский (ну, не повезло мне, при СССР я учился), этих кацапов просто ненавижу. Вот ваш ресторан и следите за языком.

В общем, ужинал я без аппетита, мне все время казалось, что сейчас за мной придут из СБУ.

ПРИФРОНТОВАЯ ЗОНА

Последствия боев с российской армией в городе и окрестностях мне показывали представители гуманитарной миссии «Пролиска», помогающей людям в прифронтовой зоне.

В начале меня повезли в село Малая Рогань, недавно находившееся под российской оккупацией. Нашим гидом по нему была девушка Олена, передававшая из села украинским военным расположение российских военных:

Русские солдаты заняли лучшие дома в селе, а люди оказались на улице. Мой дом плохой, поэтому я не волновалась. Солдаты грабили киоски, чтобы достать спиртное, а один пьяный бурят изнасиловал девушку. Правда, вроде бы его потом наказали.

Сейчас Малая Рогань практически полностью разрушена, ходить по ней надо с осторожностью из-за мин.

Из села мы поехали в микрорайон Салтовка, от которого русские войска находились где-то в километре. Здесь тоже много разрушенных домов.

Поговорили с местными пенсионерами, все они резко осуждали Россию и, несмотря на свою русскую кровь, идентифицировали себя как украинцы. В разговоре с ними я извинился от своего имени за действия России, и в ответ один пенсионер тихо, почти про себя, пробурчал: «И есть за что!»

Мы увидели и свежий прилет. Ракета попала в офис типографии, убив пять человек. На месте трагедии было многолюдно: полицейские, представители военной прокуратуры, сотрудники гуманитарных организаций. Чувствовалось, что для этих людей это привычное, почти рутинное происшествие. Тут же был выставлен стол с бесплатными бутербродами и водой.

«Действительно, люди уже привыкли к обстрелам и просто устали бояться. Например, уже почти никто не идет во время бомбежек в укрытие. Человеческая психика очень мобильна и может приспособиться к самым чудовищным обстоятельствам», — говорит руководитель харьковского офиса «Пролиски» Ляна Демкова.

Интересно, что, хотя сотрудники гуманитарной миссии говорили со мной по-русски, иногда им трудно было подбирать слова. При этом первоначально мои новые знакомые были русскоязычные, а на украинский перешли лишь после начала войны.

Кстати, Ляна Демкова — русская по национальности, у нее много родственников по всей России.

С начала войны я и мои знакомые перешли на украинский. Да, по национальности я русская, но Россия для меня чужая, я представитель «украинского мира», я хочу жить с Европой, а не со страной, которая бомбит мой город.

Если честно, я не доверяю даже оппозиционным русским. Например, я никогда не смотрю ютуб-канал Юрия Дудя и других антипутинских русских журналистов. Я не хочу повышать рейтинг русскоязычных каналов, — сказала нововобращенная украинка.

Кстати, Ляна вполне спокойно относится к сносу памятников российским классикам и вообще к забвению русской культуры:

Наши дети уже не говорят по-русски, для них Россия совершенно чужая, враждебная страна.

Взгляды Ляны очень типичны для многих жителей Харькова. Когда я был здесь в 2019 году, «русский мир» поддерживала едва ли не половина жителей города, сейчас здесь таких буквально единицы.

То есть у России были достаточно большие шансы, чтобы Украина была бы ее союзником, осталась бы в сфере ее влияния, но агрессия 24 февраля изменила ситуацию кардинально.

В стране шутят, что Владимиру Путину нужно поставить памятник на Владимирской горке в Киева, так как его агрессия способствовала сплочению расколотого по региональному признаку украинского народа в единую нацию.

И, увы, эта нация во многом сформировалась на ненависти ко всему русскому.

ДО ПОБЕДНОГО КОНЦА?

По словам социолога Евгения Головахи, 67% граждан Украины не готовы идти ни на какие уступки России. Это совсем немало, но в 2022 так ответили почти 90% респондентов, а в 2023-м — 84%.

Социологи также отмечают, что «бескомпромиссность» украинцев уменьшается с запада (где относительно безопасно) на восток, по направлению к линии фронта.

— Договориться с Россией невозможно в принципе. Ну, допустим, мы заключим с русскими договор и заморозим конфликт. Они накопят силы и обязательно нападут снова. Их цель — уничтожить украинцев. Россия — это государство-монстр, и война может быть окончена лишь, когда она распадется на 150 кусков, — рассуждает в своем уютном офисе в Ужгороде руководитель уже упомянутой миссии «Пролиска» Евгений Каплин.

— Донбасс не жалко, там живет слишком много крайне необразованных и чуждых украинской культуре людей, и может и хорошо, если эти люди не будут жить в Украине. А вот Крым — это наша жемчужина, потерять ее было бы очень обидно, — считает киевский бизнесмен Дмитрий.

Вообще, как я заметил, среди жителей Украины гораздо больше тех, кто согласен смириться с потерей «ДНР-ЛНР», чем с потерей Крыма.

— Пусть эта «ДНР-ЛНР» остается в России. Я сам родом из Донецка и знаю настроения тамошних людей. Они будут создавать нам лишь проблемы, а вот Крым нужно на несколько лет передать под управления ООН, а потом провести в нем референдум, но без участия России и Украины. При этом крымские татары, как автохтонное население, должно иметь больше голосов, чем другие жители полуострова, — говорит пенсионер из Святогорска Виктор.

— Даже, если допустить, что нам удастся освободить «ДНР-ЛНР» и Крым, то на это уйдут годы. Погибнет множество жителей Украины. А какой результат? Люди там уже 10 лет живут вне Украины, очень многие настроены к нам враждебно, мы получим балласт, «пятую колонну»! — рассуждает харьковский студент Сергей.

Солдат украинского спецназа Иван еще несколько лет назад жил и работал в польском Вроцлаве, но после того, как в больницу этого города привезли из Бучи (как он утверждает) изнасилованных малолетних девочек с выбитыми зубами, он записался в добровольцы. Русских Иван считает больным народом с серьезными психическими проблемами:

— Мы сидим в окопах, а они бегут на нас. Почти всех мы убиваем где-то в полкилометра от нас, ну, а тех, кто до нас добегает, мы просто берем в плен. Я говорю таким «Не волнуйся, бить не будем и даже накормим. Но слушай, объясни мне, что у тебя с головой? Ведь мы по тебе стреляли и не холостыми. Ты что, не понимаешь, что выжить у тебя шансов почти не было?!»

Видно, Иван полагал, что даже приказ — недостаточное основание, чтобы идти на верную смерть, но спорить с ним я не стал. Тем не менее политические взгляды Ивана вполне умерены:

Вот сейчас началась новая волна мобилизации, людей хватают на улице. Ну и много такие навоюют? Боец должен быть мотивирован, хотеть сражаться, иначе, я это говорю по собственному опыту, он будет лишь обузой для армии.

Нынешняя массовая мобилизация может привести к резкому росту социального напряжения и бунтам. Для нашей армии это очень плохо. Мы должны быть реалистами и понимать, что нельзя победить страну, которая больше нас по численности населения в четыре раза.

Надо быть готовым к переговорам и потери части территории, если мы с помощью НАТО сумеем обеспечить безопасность оставшейся части Украины.

Но среди моих фронтовых приятелей очень многие считают такие настроения предательством. Они не смирятся с никакими уступками. Если Зеленский отдаст Крым и Донбасс, они просто перестанут ему подчиняться и продолжат войну.

Схожей точки зрения придерживается и политолог Владимир Пастухов. Он считает, что в армии, включая ее верхушку, очень много непримиримых. Если Зеленский под давлением Запада начнет переговоры с Кремлем и согласится отдать часть территорий, эти люди спровоцируют Кремль на чудовищное злодеяние, и тогда Украина при поддержке Запада будет вынуждена продолжить войну.

ГЕРОЙ ИЛИ КЛОУН?

Наиболее влиятельный человек мира 2022 года, самый знаменитый еврей современного мира, президент Украины Владимир Зеленский пользуется огромной популярностью в западных странах. Мир запомнил крылатую фразу Зеленского в ответ на предложение Белого Дома об эвакуации: «Я прошу не такси, а боеприпасы!»

Украинский президент восхищает заграницу своим бесстрашием: он регулярно ездит на фронт и появляется в тех местах, где его жизни угрожает реальная опасность.

Как отмечает написавший об украинском президенте книгу журналист Саймон Шустер, война очень изменила Владимира Зеленского:

«Его походка стала свинцовой и неподвижной в плечах, как у идущего в бой бульдога. Война еще далека от завершения, но человек, находящийся в центре всего этого, уже завершил перерождение в лидера военного времени».

Существует мнение, что за Зеленского проголосовали сторонники дружеских отношений с Россией. На самом деле, это не совсем так.

В первом туре такие люди голосовали за кандидата «пророссийской» партии «Оппозиционная платформа — За жизнь» Юрия Бойко. Электорат Зеленского — нерадикальные сторонники украинской государственности, а также, и в очень значительной степени, растерянные, уставшие от хаоса и войны люди, поверившие обещаниям кандидата в президенты обеспечить мир в Донбассе.

Сторонники более последовательного и антироссийского кандидата в президенты Петро Порошенко называли бывшего кавээнщика Зеленского клоуном, а его электорат воспринимали как бездумное стадо.

Вспоминаю, как сразу после победы Зеленского меня подвозил на «Бла-Бла такси» (оплачиваешь только бензин) харьковский бизнесмен. По пути он стал с кем-то обсуждать свой бизнес.

— Слушай, нам нужно быть очень аккуратными и не забывать о том, что в стране 75 процентов дебилов. Это показали результаты выборов.

Именно такой процент голосов на президентских выборах получил Владимир Зеленский.

Первое время после начала российской агрессии рейтинг Зеленского поднялся до 80 процентов, но сейчас он ниже. Я поговорил об отношении к Зеленскому с жителями Украины. Приведу вначале критические отзывы, а потом комплиментарные.

Борис, блоггер и программист из Киева:
Зеленского избрала президетом та часть населения, которая поверила его обещаниям закончить опостылевшую локальную войну со всячески поддерживаемыми Кремлем сепаратистами на злополучном Донбассе. Ясно что закончить войну можно было только путем компромиссов с Кремлем и общей нормализацией российско-украинских отношений. Если в 2019-м и весь 2020-й Зеленский вопреки сопротивлению ура-патриотической части общества придерживался курса на прекращение конфронтации с РФ, то сразу же после инаугурации Байдена он резко сменил курс на возобновление конфронтации, неожиданно [2 февраля 2021] в обход законов закрыл все телеканалы путинского кума Медведчука.

Репрессии против кума вызвали ярость у Путина, и тот быстро пошел на эскалацию в Донбассе, где его марионетки и боевики сорвали успешно действовавшее с начала августа 2020-го перемирие. Конфронтация с Кремлем продолжалась и усиливалась до начала полномасштабной агрессии РФ в феврале 2022-го. Зеленский как до войны, так и в ее ходе наделал и продолжает делать кучу катастрофических ошибок, но от резкой критики в Украине его спасает чудовищная агрессивность российских захватчиков и как ее следствие куча гласных и негласных табу, принятых в украинском обществе и пропаганде».

Виктор, мелкий предприниматель из Славянска:
Я считаю Зеленского предателем, вступившим в сговор с Путиным. Войну мы не проиграли лишь потому, что поднялся народ, и Зеленский ничего с этим не мог поделать.

Вы посмотрите, какой беспредел на улицах: людей хватают и силой отправляют на фронт. В стране жуткая коррупция, гуманитарка разворовывается, люди бедствуют, а верхушка жирует. Пусть идут воевать те, кто голосовал за этого клоуна.

Олена, киевская художница:
Из-за войны президентские выборы отложены, а из-за военного положения мы лишены возможности участвовать в акциях протеста. Все независимые телеканалы и СМИ перешли под прямое и непосредственное управление Офиса президента Украины. При отсутствии альтернативной точки зрения люди превращаются в зомби.

Сегодня можно получить несколько лет тюрьмы только за лайк с одобрением или отрицанием российского вторжения в социальных сетях. Причем, часто за такие преступления приговариваются женщины-пенсионерки, которые толком и не понимали, что делали.

Игорь, бывший учитель из Славянска, беженец, живет в Норвегии:
Я между «Порохом» и «Зелей» не выбирал, просто не пришел [на выборы]. Однако наблюдал это событие, смотрел их бит-

ву. Чувствовал отвращение к обоим кандидатам. Зеленский обещал мир, поэтому за него голосовали.

На мой взгляд, он занимался политикой и во время работы в «Квартале 95», а именно — высмеивал из телевизора политиков. Я в состоянии ему сочувствовать, в своих выступлениях он просит о помощи у «западных партнёров», ругает Путина и жалуется, от чего имеет жалкий вид.

Но хотя рейтинг Зеленского и снижается, его и сегодня поддерживает большинство населения.

Александр, политэмигрант из России, работает курьером, женат на гражданке Украины:

Неплохой актер, хорошо, что не убежал в феврале 2022-го. А сейчас его поменять нельзя. Так что маем то, что маем. Ошибок полно, не хочу детализировать. По мнению сына моей жены, добровольца ВСУ, главная ошибка Зеленского, что он слишком поздно ужесточил законы о мобилизации. Это надо было делать еще осенью. Сейчас, когда поставили жесткие условия, люди сами идут в военкомат. Мало кто убегает.

Иван, солдат ВСУ, находится на линии фронта в Харьковской области:

А разве Зеленскому есть альтернатива?! Лично я ее не вижу. Порошенко просто вор, который делал бизнес с Россией во время войны. А вот Зеленский честный. Плюс он умеет убеждать Запад, великолепно говорит с людьми, подбадривает их. Наверное, это талант актера. Я не говорю, что у него нет недостатков, но коней на переправе не меняют. Когда выиграем войну, то и будем думать о новом президенте.

Вадим, учитель математики для одаренных детей из Киева:

Зеленский — законный всенародно избранный президент Украины. У меня много критических замечаний к нему, в основном, относящихся к периоду до начала полномасштабной войны. Насчёт же «после», нельзя не отметить, что на него свалилось испытание совершенно невероятного масштаба, и он достойно с ним справляется.

Он не сбежал из страны и даже из столицы, когда находиться там было действительно опасно.

Вообще, первый его выезд за пределы страны после начала полномасштабной войны произошёл только где-то через год. Он регулярно приезжает на самую линию фронта; такое мужество не многие проявляют. Тут я сравниваю его даже не с бункерным дедом, про это ничтожество всё ясно, но даже из достойных политиков далеко не все смогли бы так поступать.

ДРУГИЕ УКРАИНЦЫ

До начала так называемой СВО я неоднократно бывал на тогда еще локальной войне в Донбассе. В то время, действительно, почти половина жителей восточной Украины с симпатией относилась к России. Но никакой ненависти к русским не испытывали и убежденные сторонники украинской независимости.

Я без проблем говорил на русском даже в Западной Украине, и никто ни разу не упрекнул меня в российском происхождении.

Увы, похоже, сейчас ситуация изменилась кардинально.

Сегодня в Украине все больше распространено мнение, что хороших россиян не бывает в принципе. Грубо говоря, даже в любом русском либерале и анти-империце есть червоточинка.

Россиян в Украине все чаще называют «орками» и даже свино-собаками. Согласно определению из украинской энциклопедии, этот термин символизирует злобность и рабский менталитет. Собака выбрана как символ существа, которое беспрекословно служит своему хозяину.

Слово «Мордор», или чуть мягче, раша (пишется с маленькой буквы) распространены в Украине повсеместно.

Лично знаю одну киевлянку, работающую в американской компании в Москве. Как она утверждает, с ней связывались одноклассники и угрожали ей, что если она «не покинет страну-агрессор», они расправятся с ее дочкой и матерью.

«Родители моего первого мужа сразу невзлюбили меня. Причина сражала наповал: я была похожа на еврейку, а их когда-то здорово финансово подставил еврей. Логика здесь „железная". Но часто против такого лома нет приема.

Примерно то же чувство горестного недоумения я испытываю, когда из-за невозможности проявить агрессию по назначению, защитить своих близких и свою страну люди начинают «агрессировать» в сторону людей той же национальности, что и напавшая сторона или в адрес их языка.

Даже если эти конкретные люди эмигрировали оттуда еще до войны или даже эмигрировали именно по причине несогласия с режимом», — рассказывает мне знакомая киевлянка.

Другая знакомая, бежавшая из Донецка в Киев от русской оккупации, пишет в социальных сетях, что сталкивалась с людьми, которые с гордостью называют украинцев «арийцами славян». Хотя, конечно, это нельзя назвать массовым явлением.

Предвижу восторг «русских патриотов»: «Вот нацизм! Прямая дискриминация русских!»

Да, но началось это только после российской агрессии, массового убийства мирных жителей.

Через год после начала полномасштабного вторжения я разместил на украинском сайте, занимающемся беженцами, пост, что я гражданин США российского происхождения и хотел бы поработать в Украине волонтером.

Реакция была очень бурной, после 107 страстных комментариев, модератор, чтобы не искушать судьбу, закрыл обсуждение.

В основном меня ругали. «Мы тебя, орка, закопаем!» «Езжай в Бахмут труппы собирать!» «Бери автомат и вперед на Белгород!» — таковы были наиболее типичные пожелания.

К тому же раскопали мои статьи, и они не понравились: «Он не воюет против Путлера, он к нам материал хочет ехать собирать, но хрен ему!»

Правда, некоторым мои статьи как раз нравились, но и они понимали моих критиков: «Мне нравится, как вы пишете, вы стараетесь быть объективным, но это сейчас не в моде, нужно писать черно-белые статьи».

Было много и вполне положительных отзывов, конкретных предложений помощи.

Один мужчина написал, что он сейчас в Германии, но летом едет в Киев. Жилье в Киеве мне найдет, потом на своей машине отвезет меня к линии фронта и сведет с волонтерами. Одна женщина поблагодарила меня за желание помочь Украине и извинилась за соотечественников: «Поймите эти люди очень много пережили!»

У меня создалось впечатление, что многим (почему-то в основном молодым женщинам) не с кем поделиться пережитой трагедией, и они готовы излить душу даже незнакомому «москалю». Начинали они обычно с агрессии, но вскоре смягчались. Вот пример такой переписки (орфография сохранена):

Женщина. О чем ты книгу писать собрался? О том как грёбаные освободители «освобождали» гражданское население Украины от жизней. Как бомбы сбрасывали по ночам и потом выносили с руин детей? Как очереди за хлебом и водой расстреливали с градов, и смерчи работали по мирным поселкам. Тебе это точно не понять каково это сидеть в окружённом городе. И видеть людей, с которыми по соседству жил, мертвыми.

Я: А почему такая беспочвенная агрессия? Вы читали мои книги, статьи? Я работал в Чечне и видел, как действует русская армия. В Украине я был по обе стороны фронта в 2019.

Женщина. Ты не можешь быть объективен. А я дважды чудом выжила, и знаешь поговорка, что снаряд дважды в одно место не бьёт — это полный бред. Моя агрессия на минимуме, ты остальных не видел, там похуже. Я прошла все эти стадии и здраво оцениваю ситуацию.

А если оценивать это всё со стороны коллективного разума, то все негативные эмоции, потери, картинки гибели людей, зверства русской армии вылились в ненависть ко всему русскому. К слову, у меня два диплома уже о высшем образовании.

Я. Без обиды, но по-русски ты пишешь с ошибками.

ЖЕНЩИНА. Я знаю. Это мой маленький протест. Я всё же до сих пор немного злюсь на русских что они разбомбили моё жильё, и я оказалась под руинами дома.

Но не только нетерпимость ко всему русскому стало новой реальностью Украины. По сути, российская агрессия просто подтолкнула жителей этой страны к эмиграции в Европу.

После начала войны украинцам очень легко устроиться на учёбу за границей. Сегодня во многих украинских семьях кто-нибудь из детей учится за рубежом.

Вот, что рассказала мне украинская беженка, ныне проживающая в Великобритании:

Хотя, честно, если бы не сбросили авиабомбу, и я не оказалась бы под руинами дома, я бы не поменяла жизнь и не училась бы в Англии. Так как моя семья среднего достатка и не могла бы это себе позволить, да и смелости бы не хватило поехать в другую страну, не зная английского языка.

Сегодня за рубежом (не включая Россию) находятся около тринадцати процентов жителей Украины. Эти люди уже привыкли к западному образу жизни и не захотят поменять его на российский.

Во время моих поездок в Украину я подружился с множеством людей. Увы, сохранить дружеские отношения удалось не со всеми.

«Вы не первый российский эмигрант-либерал, который не понял, что идет реальная война. Если вас эта война не касается, то лучше от этой темы уйти, и украинская публика от вас постепенно отстанет. Либо они могут создать проблемы не в этот, так в другой раз», — написал мне украинский Facebook-друг и, возможно, это верное объяснение охлаждения ко мне многих украинских знакомых.

Приведу несколько характерных примеров.

Несколько лет назад я работал в одном российском издании с русским из Крыма. После аннексии Крыма Россией этот человек переехал в Киев и вел свою передачу на украинском телевидении, написал ставшую очень популярной в Украине публицистическую книгу

В 2021 он отказался от российского гражданства. После российского вторжения ушел добровольцем на фронт.

Парень он неплохой, у него нет звездной болезни, и он хороший товарищ. Но вот что он написал по поводу моего желания приехать в Украину:

> Я бы на твоем месте воздержался от поездки в Украину сейчас. Потому что в глазах украинцев ты представитель страны-агрессора. Ты не американец. Ты Игорь Ротарь, который гуглится как российский журналист, живущий в США. Который ездил в Крым. И идеологический бэкграунд тоже нагуглят.

Но разве это повод записывать во враги человека, который против российской агрессии, возмущен гибелью в результате действий армии РФ мирного населения?

И такого мнения придерживается не украинский националист-западенец, а русский, который пошел воевать за Украину потому, что надеется, что, в отличие от авторитарной России, она станет свободной демократической страной!

Выглядит не вполне «демократически», когда в противники записывают не Кургиняна и Дугина, а человека, у которого просто немного другое мнение.

Или еще более одиозный пример. Во время моей поездки в 2019 году по западной Украине мне очень много помогал специалист по Волынской резне. Этот человек читал все мои статьи из Украины, и они ему нравились.

Кстати, он очень критично относился к украинским националистам. И это понятно, так как эти люди мешали ему делать раскопки на могилах убитых УПА поляков.

После начала полномасштабной войны он отправил свою дочку в Польшу, а сам записался добровольцем в ВСУ.

Первое время после начала российской агрессии мы сохраняли дружеские отношения. Археолог был предельно доброжелателен и даже переводил на украинский мои письма пограничникам.

И тут он вдруг неожиданно мне пишет на украинском (до этого он писал мне только по-русски): «Любой русский (и ты тоже) — это обезьяна с автоматом или без».

Правда, потом этот человек написал мне на русском что-то вроде извинения: «Игорь, это нормальная реакция, когда друзья и знакомые гибнут. Долго объяснять. А ты сидишь в США, а ещё хуже — где-то в Тибете. Поэтому обезьяна. Молчание злу подобно».

С руководителем харьковской гуманитарной миссии Евгением Каплиным я познакомился в 2014 году; тогда ему было 26 лет. Он «кочевал» по селам в зоне соприкосновения, проводя в родном Харькове от силы три-четыре дня в месяц.

В начале конфликта он придерживался четкого нейтралитета между сепаратистами и Киевом, но его взгляды поменялись в 2015 году, когда власти ЛНР не выпустили на подконтрольную украинским властям территорию автобус с беженцами, сопровождаемый волонтерами.

Каплина тогда обвинили в том, что женщин он вывозит затем, чтобы отправить потом в турецкие бордели, а дети должны были стать донорами органов. Стоит ли говорить, что с тех пор «торговцу людьми» Евгению Каплину путь в ДНР/ЛНР заказан.

У меня нет слов, чтобы описать этих людей, — говорит Евгений. — Некоторые женщины, как и их дети, остро нуждались в квалифицированной медицинской помощи, которую им просто не могли оказать на месте.

Мы только хотели вывезти этих людей из-под обстрелов в безопасное место и помочь им. Но некоторые чиновники ЛНР посчитали неправильным, что их гражданам могут помочь на подконтрольной Украине территории.

Однако и после этого инцидента у Евгения было вполне доброжелательное отношение к россиянам, а украинский он хотя и знал, предпочитал говорить по-русски.

Взгляды руководителя «Пролиски» изменились после начала российской агрессии. Теперь он на своей странице в Facebook называет российских оккупантов исключительно орками, а как-то в беседе со мной признался, что теперь стыдится говорить по-русски.

Во время моей последней поездки в Украину Евгений сильно помог мне, но был крайне возмущен, когда я опубликовал репортаж о поездке в российской газете. Статья была совершенно не пророссийская, но руководитель «Пролиски» был против любых публикаций в российских СМИ.

Эта война очень изменила и ожесточила меня, когда русские бомбили Харьков, мародеры начали грабить разбомбленные магазины. Мы их ловили и пороли. Да, это плохо согласуется с нормами правового демократического государствам, но мы не хотим, чтобы среди украинцев были такие подонки. К несчастью у меня есть русская кровь, и я ненавижу каждую ее каплю. 87% населения России поддерживает Путина и голосует за него. Эту нацию не изменить. Все граждане России, кто там остался на сегодняшний день, соучастники тяжких преступлений против моего народа и моей страны.

И я ничего никому не хочу доказывать. Это карма всего русского народа, которую искупать он будет ещё много поколений. А сейчас только смерти в России, гробы и обстрелы территории России могут «разбудить» там людей. Когда они понюхают порох и похоронят своих детей, тогда они хоть частично начнут понимать, что происходит.

Когда утром стекла будут вылетать от града или ракеты сыпаться на голову. Когда от сидения в холодных подвалах пневмонии начнутся, когда соседей будут хоронить под ёлками во дворе. Эта война закончится, лишь когда Россия развалится на 150 кусков, — заявил мне Евгений.

Есть среди моих украинских знакомых и достаточно неожиданные.

Так, как-то на меня на Facebook вышла семидесятилетняя старушка из небольшого украинского города. Она рассказала мне всю свою жизнь, как работала на производстве и «не вылезала с доски почета».

Уверен, что раньше это женщина была совершено советским человеком. Сейчас, конечно, ее взгляды поменялись. После начала российской агрессии она принципиально говорит только по-украински (хотя со мной переписывается по-русски), говорит, что российские бомбардировки разрушили жизнь всей ей семьи, и даже её кошки «заболели на нервной почве».

Внучка женщины говорит, что «хороших русских не бывает», но бабушка с ней не согласна. Мне кажется, что старушка специально ищет в соцсетях не поддерживающих агрессию русских; почему-то ей так легче.

Увы, я ее разочаровал. Оказалась, что мои статьи из Украины (кстати, старушка даже предлагала специально приехать на встречу со мной в Киев) «подыгрывают рашке». Оказывается, нельзя было писать о том, что большинство украинцев не горит желанием идти в армию, или что, по моим наблюдениям, некоторая часть харьковчан ждала пришествия русских. Женщина на меня набросилась с отборной руганью, пришлось заблокировать этого хорошего, но не слишком вменяемого человека.

И наконец еще одна забавная история. Как-то в Польше я разговорился с барменшей. Говорю, что с молодежью разговариваю по-английски, а со стариками по-русски или на смеси украинского и польского.

Спрашиваю девушку знает ли она русский, отвечает, что don't use (не использует). Спрашиваю: что, русских не любите? Уклоняется от ответа, просто don't use.

Рассказываю ей, как в Украине был, «фу, ей-богу, еле вырвался», но зато немного украинский выучил. Говорю, что он ближе к польскому, чем русский, и интересуюсь понимает ли она украинский.

Отвечает по-английски: «Понимаю, все-таки родной язык».

ИСТОРИЯ ОДНА, ИСТОРИОГРАФИИ РАЗНЫЕ

Общеизвестно, что интерпретация истории во многом объясняется идеологическими и политическими пристрастиями. Благодаря украинско-российскому конфликту, переросшему в агрессию Кремля, интерпретации истории Украины особенно противоречивы и нередко выглядят просто анекдотично.

Я не историк и не берусь обсуждать эту тему подробно; остановлюсь лишь на некоторых ее ключевых моментах, при обсуждении которых украинские политики любят доказывать исконную «империалистическую сущность» российской историографии.

КИЕВСКАЯ РУСЬ

Согласно российским и советским историографиям, население Киевской Руси — предтеча русского, украинского и белорусского народов. По этой версии в XII веке Киевская Русь распалась на десять-пятнадцать независимых княжеств, заселенных близкородственными племенами.

Самыми заметными из княжеств были Галицко-Волынское, Владимиро-Суздальское, Новгородское, Черниговское и Смоленское. После разрушения Киева монголо-татарами в 1240 году уцелевшая часть жителей подалась на север, на территорию нынешней России.

В начале XX века против этой теории выступил украинский историк Михайло Грушевский, заявивший, что от антов VI в. до украинцев XX века основной этнический тип населения мало изменился на большей части территории Украины.

Что до опустошений и миграций монгольского периода, по мнению Грушевского, они не были столь велики, как полагали русские историки XIX в. Если какая-то часть населения и покидала обжитые места в Центральной Украине, то она же и возвращалась обратно лишь только обстановка на родной земле становилась чуть спокойнее. По мнению этого историка, Россия не имеет отношения к киевской Руси.

До образования независимой Украины теория Михайло Грушевского не воспринималась всерьез как советскими, так и большинством зарубежных историков.

Частично идеи Грушевского поддерживались канадскими исследователями истории Украины, преимущественно эмигрантами из этой страны.

Основателем этой школы был американский историк, бывший коллаборационист с нацистами и бургомистр Киева Александр Оглоблин.

Однако сейчас теория Грушевского безоговорочно поддерживается в Украине, а любые заявления, что история Россия начинается в Киевской Руси, воспринимаются здесь в штыки.

Более того, сейчас в Украине принято доказывать, что русские — «ненастоящие славяне». Делается этот сенсационный вывод на основании того, что украинский, белорусский, словацкий и польский языки более близки к друг другу, чем к русскому.

Свидетельствую, это действительно так. В Польше и Словакии я удивлялся, насколько у них много общих слов с украинским. Но можно ли на основании этого утверждать, что русские — не славяне?

Интересно также мнение канадского ученого украинского происхождения Ореста Субтельного. Признавая теорию Грушевского в целом, он все же считает, что «споры о наследстве доказывают лишь одно: насколько трудно отделимы чисто научные проблемы от политических и идеологических».

Согласно современной украинской историографии, русские от украинцев получили письменность, православие и навыки управления государством.

В эмоциональной форме отношение украинцев к «вкладу» России в культуры их страны можно прочитать в социальных сетях:

Какая мерзость:
1. Украсть у Киевской Руси имя и историю, а потом обозвать ее Малороссией!
2. Получить от Украины письменность и просвещение, а потом уничтожать украинский язык и культуру.
3. Получить от Украины христианство, а потом уничтожить украинскую церковь!..

Добавлю также, что на разбитой российской военной технике в Киеве можно прочесть надпись: «Киев Русь крестил, он ее и отпоет».

ГОЛОДОМОР

Голодомором называют массовый голод в Украине в 1932–1933 годах, вызванный в том числе политикой советского руководства.

По мнению украинской историографии, голод был умышленно организован Иосифом Сталиным. В 2006 году Верховная рада Украины объявила Голодомор актом геноцида украинского народа. Акт геноцида также признан США, Канадой, Балтийскими странами, Польшей, Венгрией, Италией, Австралией и рядом стран Латинской Америки.

Тем не менее, в России геноцид отрицается, Признавая сам голод в Украине, большинство российских историков не считает, что он был сделан умышленно для уничтожения украинской нации.

В Киеве при президенте Викторе Ющенко построен мемориал жертвам Голодомора. Центральная композиция мемориала — колокольня, выполненная в форме белой свечи с позолоченным ажурным пламенем. В нижней части свеча опоясана крестами, напоминающими крылья ветряка, украшенные скульптурами журавлей. В мемориале открыт музей с богатым архивом документов.

Я побывал в этом сакральном для современной Украины месте в 2019-м. Несмотря на мой русский язык, работники музея были предельно вежливы со мной.

Экскурсоводом оказалась молодая девушка Иванка. Из вполне предсказуемого текста экскурсии меня удивили некоторые моменты. Повторённое Иванкой утверждение, что украинцы — самый репрессированный из народов СССР, и их больше всего сидело в советских лагерях, я слышал и раньше, но меня поразил аргумент экскурсовода в пользу версии умышленного геноцида украинцев:

— Кроме самой Украины большевики умышленно устраивали голод именно в тех регионах, где жили украинцы. Так общеизвестно, что украинцы преобладали на Кубани, но оказывается их было очень много и в Поволжье.

Спрашиваю Иванку про волынскую резню (массовое уничтожение бойцами Украинской Повстанчерской Армии поляков на Волыни в 1943 году).

— Вы знаете, до войны поляки с украинцами дружно жили. А потом убивать друг друга стали оба народа, но на самом деле этот конфликт организовала «третья сила».

Стоит ли говорить, что под «третьей силой» девушка имела в виду Россию.

ОТ МАЗЕПЫ ДО ШУХЕВИЧА

Совершенно по-разному в Москве и Киеве смотрят и на конкретных украинских исторических персонажей. Согласно российской историографии и даже литературе (вспомним поэму Пушкина!), гетман Мазепа — предатель, а вот по украинской версии, он — герой, отстаивающий независимость.

Советская историография считает, что Богдан Хмельницкий осуществил вековое стремление к воссоединению двух братских народов, а вот в Киеве уверены, что гетман лишь заключил с Россией временный союз, а подлая Москва его обманула и оккупировала Украину.

По-разному в Москве и Киеве интерпретируют и личность главы Украинской Народной Республики Симона Петлюры.

«Это человек нацистских взглядов, антисемит, который истреблял евреев во время войны», — так в 2017 году президент России Владимир Путин отреагировал на установку в Украине памятника главе Украинской Народной Республики (УНР) Петлюре.

Представление о Петлюре как антисемите и погромщике закрепилось в массовом сознании уже после его убийства 25 мая 1926 года в Париже. Убийца, анархист Самуил Шварцбард, назвал свой поступок «актом мести» за еврейские погромы на территории нынешней Украины.

В украинской историографии с такой версией категорически не согласны. В действительности глава УНР не был антисемитом.

Известно, что во время учебы в семинарии Петлюра становился на защиту евреев, за что даже получил прозвище «жидовский батька». Позже, издавая журнал, Петлюра публиковал положительные статьи о евреях. Он печатал тексты многих еврейских авторов, в частности, будущего идеолога еврейского государства — Зеева Жаботинского. Во время революции 1905 года Петлюра организовал в родной Полтаве отряды еврейской самообороны, что и спасло город от погромов.

В правительстве Петлюры было целое министерство по еврейским делам — первое подобное в Европе. Евреи получили национально-культурную автономию. Петлюра даже вел с Жаботинском переговоры о присоединении отрядов еврейской милиции к его армии.

Все этот так. Но верно и то, что во время гражданской войны в Украине львиную долю погромов совершили петлюровцы. По данным еврейского исследователя Нахума Гергеля, белые несут ответственность за 17% всех погромов в отношении евреев, большевики — за 9%, независимые формирования вместе — за 25%. А вот «армия Петлюры» аж 40%!

Украинские историки оправдывают этот печальный факт тем, что армия Петлюры состояла из разрозненных возглавляемых атаманами соединений, многие из которых лишь номинально подчинялись главе УНР.

Известно, что когда еврейская делегация жаловалась Петлюре на массовые бесчинства его солдат, тот ответил ставшей крылатой фразой: «Не ссорьте меня с моей армией».

Но тот же Петлюра утверждал, что обвинения его армии в погромах — умышленная клевета, распространяемая большевиками. Верил ли он в это сам? Конечно же, нет, но лидер УНР считал, что ради достижения независимости Украины можно и закрыть глаза на «некие поступки» украинских бойцов.

В современной украинской историографии хоть и признают петлюровские погромы, подчеркивают, что они якобы были менее жестоки, чем аналогичные акции белых. Вот, например, что пишет Орест Субтельный:

В целом погромы, учиненные украинцами, отличались от тех, что организовывались белыми, двумя особенностями: во-первых, в противоположность заранее подготовленным, обдуманным действиям русских, они были спонтанными вспышками насилия со стороны деморализованных, часто перепившихся ополченцев; во-вторых, происходили они вопреки запретительным приказам высшего командования.

В отличие от белогвардейских генералов, украинские социалисты, особенно социал-демократическая партия, к которой принадлежал Петлюра, имели за плечами давнюю традицию дружественных отношений с еврейскими деятелями...

Однако, какими бы добрыми намерениями ни руководствовался Петлюра в своих отношениях с евреями, он был не в состоянии удерживать атаманов, и их жуткие преступления обычно ассоциируются с его правлением. К тому же для многих евреев, в большинстве своем русифицированных, намного легче было взвалить всю вину за погромы именно на Петлюру и украинцев, а не на Деникина и его генералов.

Как уже отмечалось, Симон Петлюра был убит Самуилом Шварцбурдом, заявившим, что убийство было исключительно актом мести за еврейские погромы. Примечательно, что суд присяжных признал аргументы убийцы убедительными и оправдал его.

По украинской версии, погромы, производимые петлюровцами, не имеют никакого отношения к убийству, а Самуил Шварцбард был агентом НКВД.

Ну и, конечно же, больше всего споров ведётся вокруг фигур лидеров украинских националистов времен Второй мировой: Степана Бандеры и Романа Шухевича.

Степан Бандера родился в 1909 году в семье греко-католического священника — убежденного украинского националиста. Уже с детских лет Степан Бандера готовил себя к вооруженной борьбе за независимость Украины. По легенде, он, чтобы воспитать в себе силу духа, вставлял себе иголки под ногти, резал себе пальцы и даже душил кошек.

Еще в школьные годы Степан Бандера вступил в подпольную организацию украинских националистов, а когда в 1929 году была создана Организация украинских националистов (ОУН), молодой человек стал одним из первых её членов в Западной Украине.

Уже в 1933 году Степан Бандера стал лидером ОУН в Западной Украине. Степан Бандера организовал многочисленные акции протеста против польских властей, однако основную ставку он делал на террор. Под его руководством было осуществлено два резонансных убийства. В 1940 году после раскола в ОУН Степан Бандера становится лидером ее радикального и наиболее дееспособного крыла — ОУН(Б).

Российская пропаганда называет Степана Бандеру нацистским преступником, с чем решительно несогласны украинские историки.

Из польской тюрьмы, где он с 1936 года отбывал пожизненный срок за организацию убийства министра внутренних дел Польши Бронислава Перацкого, Бандеру освободили немцы.

Однако Бандера постоянно публично утверждал, что украинцы должны рассчитывать только на себя, поскольку никто в независимой Украине не заинтересован, и любое сотрудничество с Берлином может быть только тактическим и временным.

Весной 1941 года ОУН(Б) создала на территории Польши Украинский легион в составе батальонов «Нахтигаль» и «Роланд» общей численностью 800 человек.

С германской стороны формирование батальонов курировал абвер. Адмирал Канарис считал бандеровцев сложными партнерами, зато людьми дела. По некоторым данным, он находил целесообразным создание ОУНовского государства и вполне мог дать Бандере и его окружению некие обещания.

В ночь на 30 июня 1941 года батальон «Нахтигаль» вступил во Львов с частями вермахта. В тот же день соратники Бандеры во главе со Стецько на собрании в львовском оперном театре провозгласили «Акт возрождения Украинского государства».

Гитлер пришел в ярость и приказал «растоптать тех, кто допустил это славянское свинство». 5 июля Бандера был арестован в Кракове и помещен в концлагерь Заксенхаузен. Там он провел три с лишним года в одиночной камере, правда, в специальном отделении для «политических персон».

То есть, да, действительно, Бандеру считать союзником Гитлера — крайне спорное мнение. Однако лидера украинских националистов никак нельзя считать и демократом. Он восхищался Гитлером и Муссолини, считал, что именно фашизм — действенная альтернатива коммунизму. В базовом документе ОУН, положения которого разделял Бандера, говорится:

Во времена хаоса и смуты можно позволить себе ликвидацию нежелательных польских, московских и еврейских деятелей, особенно сторонников большевистско-московского империализма; национальные меньшинства делятся на: а) лояльные нам, собственно члены всех ещё угнетенных народов; б) враждебные нам — москали, поляки и евреи.

а) имеют одинаковые права с украинцами…, б) уничтожать в борьбе, в частности тех, которые будут защищать режим: переселять в их земли, уничтожать, главным образом интеллигенцию, которую нельзя допускать ни в какие руководящие органы, вообще сделать невозможным «производство» интеллигенции, доступ к школам и т.п.

Руководителей уничтожать… Ассимиляция евреев исключается.

А вот что пишет канадский историк Орест Субтельный, которого уж никак нельзя заподозрить в симпатиях к кремлевской версии украинской истории:

Совершенно очевидно, что украинский интегральный национализм нес в себе элементы фашизма и тоталитаризма. Подобные тенденции в 1920-е годы имели широкое распространение в Европе, а их влияние, в особенности итальянского фашизма, было особенно ощутимо в Восточной Европе.

Однако, как отмечал Иван Лысяк-Рудницкий, западный фашизм, возникший в городской, промышленной среде, не состоял в близком родстве с украинским интегральным национализмом. Последний был гораздо ближе к праворадикальным движениям, возникшим в аграрных восточноевропейских странах, таким как «Железная гвардия» в Румынии, «Усташи» в Хорватии, «Стрела и крест» в Венгрии и соответствующие движения в Словакии и Польше.

В конечном счете можно полагать, что украинский интегральный национализм имел самостоятельное происхождение и коренился в своем собственном обществе. Не примиряясь с трагической судьбой украинцев под польской и советской властью, потеряв веру в традиционные легальные методы, разочаровавшись в западной демократии, пребывавшей в кризисе и не внимавшей мольбам украинцев о помощи, украинские интегральные националисты считали, что им нечего ждать от существующего положения вещей и потому следует применять радикальные средства, чтобы изменить его.

Еще более противоречива фигура лидера Украинской Повстанческой Армии Романа Шухевича.

Согласно советской и российской версии, этот человек, как руководитель батальона «Нахтигаль», несет ответственность за массовые убийства евреев во время львовского погрома 1941 года.

Напомним, что накануне оставления Львова НКВД расстрелял 2466 узников местной тюрьмы. Среди убитых оказался родной брат Романа Шухевича. Сразу после обнаружения страшной находки неорганизованные толпы украинцев начали убивать евреев.

Как утверждают украинские историки, Степан Бандера отдал приказ Роману Шухевичу, чтобы его батальон не участвовал в антиеврейских акциях. Действительно, люди в форме «Нахтигаля» замечены в участии в погроме не были.

Но есть свидетельства, что среди погромщиков были бойцы батальона в штатском. Кроме того, в погроме активное участие принимали сотрудники «украинской милиции», созданной при активном участие Романа Шухевича.

Но даже если и согласиться, что Роман Шухевич не имеет отношение к убийству евреев, не вызывает сомнений, что руководитель УПА виновен в массовом убийстве поляков во время «Волынской резни» 1943–1944 годов.

Более того, Роман Шухевич считал, что не нужно стыдиться массового убийства польских детей и женщин, так как благодаря этой акции устрашения поляки покинут Волынь, а это важнее имиджа УПА.

Кроме того, в 1941 году из батальонов «Нахтигаль» и «Роланд» был сформирован 201-й охранный батальон, возглавляемый тем же Романом Шухевичем. Этот батальон около девяти месяцев воевал с партизанами в Белоруссии.

Осенью 1942 года из-за нежелания германского правительства признать суверенитет Украины личный состав 201-го батальона отказался возобновлять контракт, и был отправлен по домам. Командир Роман Шухевич после допроса в гестапо также был отпущен.

Тем не менее, несмотря на более чем противоречивую судьбу, Шухевич в Украине однозначно считается героем. Символично, например, что бывший проспект в Киеве освободившего этот город генерала Ватутина теперь носит имя Шухевича. В честь лидера УПА называют не только улицы, ему сооружают памятники, про него снят очень комплиментарный фильма «Непокоренный».

Пересматривают украинцы и вклад их народа в мировую культуру. Так, оказывается, украинцы изобрели первый компьютер, космический корабль и основали современное авангардное искусство. Украинскими художниками также стали Репин, Айвазовский и Куинджи, а украинским композитором Прокофьев. Делаются эти выводы на основании того, что все эти люди родились или жили в Украине.

ПРАВОСЛАВИЕ ОДНО, ИДЕОЛОГИИ РАЗНЫЕ

Гонения Киева на Украинскую Православную Церковь (УПЦ), по крайней мере, небеспочвенны.

Например, до 24 февраля 2022 года крупнейший монастырь Донбасса, Святогорскую лавру, охранял так называемый «Святогорский казачий полк» (по украинским законам — общественная организация). Как сообщил мне их атаман Виталий Кушин, он уволился из Вооруженных сил СССР после «предательского беловежского соглашения», так как не хотел присягать на верность Украине.

Этот человек не скрывает, что является сторонником воссоздания «Российской империи» и считает распад Советского Союза делом рук предателей. Ну и как вы думаете: нанял бы настоятель для монастыря такую охрану, если бы его и командира казаков взгляды были диаметрально противоположными?

Святогорский монастырь расположен в Славянском районе, и не является секретом, что, когда райцентр был занят ополченцами, местные священники московского патриархата оказывали им всяческую поддержку. К примеру, на баррикадах вместе с сепаратистами зачастую стояли с иконами местные старушки. Выполнить этот «священный долг» женщин призвали настоятели городских храмов.

Периодически появлялись там и сами батюшки. Наиболее заметную роль в организации сопротивления «киевской хунте» играл священник Виталий Веселый. Батюшка также был известным в городе поэтом. Вот одно из его стихотворений:

> Люблю я русского великого солдата,
> Насмерть готового за Родину стоять,
> Ее, — любимую, от монстров типа НАТО
> И прочих хищных террористов защищать!

Чтобы понять взгляды местных верующих, я под видом паломника остановился в 2019 году в Святогорской лавре. Приобщение к монастырской жизни я начал в местной трапезной с простой, но сытной пищи: картошка, соленые огурцы, мед. К слову, здесь кормили всех желающих, и хотя бы за это стоит сказать монахам большое спасибо.

Пообедав, я отправился в номер монастырского общежития. Кроме меня здесь остановились двое жителей Харьковской области, мужчина из соседнего Краматорска, сильно напоминающий типичного бандита 90-х, мужчина средних лет из прифронтовой Авдеевки и молодой бородач, похожий на ополченца самопровозглашенной ЛНР.

Мои соседи были очень доброжелательны и угостили меня чаем, а «браток» из Краматорска расщедрился и выложил на стол пирожки от жены. Стоит ли говорить, что скоро разговор зашел о политике. Дружно повозмущавшись «сатанинским» поступком Константинополя, предоставившего автокефалию новой украинской церкви, мои собеседники перешли к геополитике.

— Ты пойми, нет такого народа — украинцы. Все мы русские, и так называемые украинцы, и белорусы. И страны такой — Украина — нет, а есть русская провинция Малороссия, — под одобрительный гул собравшихся объясняет мне Алексей из Харькова.

Не обошлось без дискуссии. Тот же Алексей заявил, что «Майдан — это божья кара Малороссии за грехи», и верующим стоило смиренно наказание принимать, а не сопротивляться.

С его позицией решительно не согласился «браток»:

— Когда Стрелков к нам в город пришел, понабирал к себе всякий местный сброд, алкашей, наркоманов, в общем, не нравились мне они. Но чтоб вообще не сопротивляться — это ты брось!

ЛУГАНСКИЙ ПРОРОК

Сергей из Луганска поначалу вел себя со мной довольно настороженно, по-видимому, опасаясь, что я агент Киева, но потом и его прорвало.

— Весь мир, в том числе и Россия, пали перед дьяволом, только у нас в ЛНР и ДНР еще сохранилось истинное православие! Приведу такой пример: у нас нет электронных чипов, этого дьявольского изобретения, распространившегося по всему миру. О том, что спасение миру придет от нас, проповедовал и святой Филипп Луганский, живший в нашем городе в прошлом веке. Этот святой старец предрек распад СССР и торжество антихриста в Малороссии. Но он же предрек, что очищение мира начнется из Луганска, и царство православное вновь восторжествует!

На этой торжественной ноте в беседу врывается Рома из Авдеевки и первым делом обращается ко мне:

— Так ты из Америки уехал потому, что понял, что ей скоро каюк наступит? Нет, еще вернешься туда?! Ну, тогда передай американским православным: пусть бегут оттуда, пока не поздно. И сам беги, не тяни. Очень скоро Бог уничтожит США за грехи! А Сергей дело говорит. Уже и старец в Донбассе появился, которому новый русский царь присягать будет. Перебьем мы тогда жидов и построим царство православное!

Выясняется, что Рома отчаянный антисемит. По его мнению, евреи давно уже подменили Путина и с помощью его двойника управляют Россией. Аккурат как в фильме «Иван Васильевич меняет профессию».

Другие мои собеседники иудейский народ открыто не ругают, но по их молчаливому согласию с концепцией Романа стало понятно, что в «сионистский заговор» они тоже верят. На мой более чем недоуменный вопрос о двойнике Путина мне дипломатично, но с доверительным тоном отвечают, что «такая версия существует».

Но не все так однозначно. Во-первых, пусть и не сразу, но УПЦ осудила российскую агрессию. Во-вторых, кроме верхушки церкви есть и рядовые верующие, многие из которых искренние патриоты Украины.

БОГ НЕ ПРОСТИТ!

В Киевско-Печерской лавре я побывал весной 2024 года, то есть вскоре после того, как УПЦ выгнали оттуда (историко-культурный заповедник расторг договор с Церковью). Напряжение чувствовалось еще на подступах к лавре. У стен обители я встретил несколько десятков истово молящихся людей.

— Власти закрыли проход к мощам. Таким образом нас лишают целительной силы. Каждый день с полудня до трёх мы молимся здесь за то, чтобы это бесовское решение было отменено, — объясняет мне прихожанин УПЦ Кирилл.

В реальности это «бесовское» решение объясняется вполне прозаичными причинами. Как утверждает руководство музея, сейчас проводится инвентаризация всех экспонатов, включая мощи.

Впрочем, не все церкви лавры переданы музею, УПЦ оставили небольшой храм, и там очень многолюдно. Мое внимание привлек высокий красивый священник лет пятидесяти, стоявший рядом с девочкой лет двенадцати.

— Эта ваша дочка?

— Его, его! У моего папы десять детей! — с гордостью отвечает за отца девочка.

Священника зовут отец Владимир, и он уверен, что, лишив УПЦ Лавры, власти совершили тяжкий грех:

— Нас обвиняют, что мы прокремлевская церковь, но без всяких доказательств!

— Я прихожанка Украинской православной канонической церкви, и, зная ситуацию изнутри, могу себе позволить утверждать, что промосковских у нас нет. Есть люди, которые Бога не узнали и могут думать и говорить чушь, но подобных вижу только по телевизору, в реальности таких рядом нет ни среди прихожан, ни среди священников, — вступает в разговор прихожанка церкви, миловидная женщина лет сорока.

Кстати, археолог из Западной Украины, а сейчас доброволец ВСУ (я о нем подробно писал в главе «Другие украинцы) — тоже прихожанин УПЦ, а этого человека уж точно нельзя заподозрить в симпатиях к Кремлю.

Вряд ли можно спорить с тем, что Путин использовал УПЦ как инструмент своей пропаганды, но у проблемы есть и другая сторона медали. Тот же митрополит Онуфрий 24 февраля 2022 года обратился к верующим и гражданам Украины, назвав случившееся «повторением греха Каина», призвал молиться за Украину, её армию и народ и обратился с просьбой к президенту России Владимиру Путину «немедленно прекратить братоубийственную войну». В Украине многие считают, что такое заявление было сделано слишком поздно, а власти страны уверены, что УПЦ по-прежнему поддерживает тайные контакты с Кремлем. Но даже если и согласиться с этим, кроме верхушки церкви есть и рядовые верующие и священники, многие из которых искренние патриоты Украины. Для многих таких людей политика Киева — пусть и объяснимая — по ограничению влияния УПЦ стала настоящей трагедией. Важно также, что среди прихожан УПЦ соотношение «сторонников Кремля» и «патриотов Украины» существенно различаются в разных регионах.

МАЙДАН И ЕВРЕИ

Во время моей последней поездки в Киев я посетил мемориал в урочище Бабий Яр, где во время Великой Отечественной войны немцы расстреляли около ста тысяч евреев.

Мемориальный комплекс в Бабьем Яре поражает своей помпезностью. На входе в мемориал написано, что при СССР это преступление немцев замалчивалась, а при независимой Украине делается все, чтобы рассказать людям об этой трагедии.

В мемориале даже есть видео— и аудиоинсталляции. Свидетели Холокоста в них говорят по-русски, а их переводят на украинский. Погибшим цыганам тоже есть памятник в виде кибитки. Также меня поразило, что в могендовид почему-то помещен украинский трезубец.

Рядом с монументом погибшим евреям поставлен памятник украинской поэтессе Олене Телиге. После взятия Киева большевиками она эмигрировала в Европу. Когда немцы захватили Киев, она туда вернулась и сотрудничала с оккупационной газетой «Украинское слово», в своих статьях выражая надежду, что крушение большевизма поможет возрождению украинской культуры.

Однако вскоре немцы решили приструнить украинских националистов, несколько сот из них, включая поэтессу, были расстреляны. Памятником Телиге создатели монумента хотели подчеркнуть, что от немцев пострадали не только евреи, но и украинские патриоты.

ЕВРЕИ—ДРУЗЬЯ БАНДЕРОВЦЕВ

Вообще, в пику Кремлю, заявляющему об участие бандеровцев в Холокосте, в современной украинской историографии напротив, подчеркивается мысль о дружеских отношениях евреев с УПА. Рассуждает знаменитый американско-французский писатель, исследователь истории Украины времен Второй мировой войны, Джонатан Литтел:

ОУН, Организация украинских националистов,— это для современной украинской памяти тот слон в комнате, которого все стараются не замечать, хоть он побил уже немало посуды. Даже такой скрупулезный историк как Сергей Плохий в своей замечательной книге «Врата Европы. Истории Украины» лишь бегло касается сотрудничества ОУН с немцами и не упоминает ее роль в погромах 1941 года и участии в Шоа (Холокосте —Авт.). В этом есть что-то неловкое, что всех ставит в тупик. Вот почему россиянам достаточно было обратиться к советским пропагандистским клише об

ОУН и придумать новые, чтобы — лихо обобщив частности — выставить весь украинский народ, его демократически избранное правительство и президента-еврея фашистами и нацистами. При этом нельзя не отметить, что, будь ситуация последних тридцати лет менее запутанной, реагировать на нее было бы куда проще.

Мне вспоминается моя беседа в 2019 году с помощником главного раввина Украины, руководителем львовской благотворительной организации «Хесед» Севой Файнерманом.

Реб Сева напоминает, что во время войны митрополит Украинской Греко-католической церкви Андрей Шептицкий (сотрудничавший с оккупационными властями, пославший приветствие Гитлеру и благословивший бандеровцев) спас от смерти тысячи евреев (и это тоже правда, спорить можно лишь о количестве спасенных) и был единственным представителем церкви в Европе, обратившимся к папе римскому с призывом осудить их уничтожение.

По мнению львовского раввина, у евреев были великолепные (!) отношения с бойцами УПА.

«Традиционно евреи в Западной Украине были провизорами и аптекарями. Поэтому раненые бойцы УПА приходили за помощью именно к ним, и евреи никогда не отказывали партизанам», — убеждал меня ребе Сева.

(Кстати, тот же Шептицкий незадолго до смерти успел потребовать от УПА разоружиться и послать приветствие освободителю Сталину.)

Сева Файнерман полностью разделяет и позицию Верховной рады Украины, которая приняла закон, наделяющий членов Организации украинских националистов и Украинской повстанческой армии статусом борцов за независимость.

Однако, такая «пробандеровская» интерпретация Холокоста в Украине приводит к путанице в головах жителей Украины.

Для них часто Холокост — лишь один их терминов, ставший «модным» в новой украинской историографии. Например, женщина, которая показывала мне дорогу к мемориалу в Бабьем Яру, по ошибке назвала его памятником жертвам Голодомора.

«УКРАИНСКИЕ ДЕРЕВНИ МЫ ОБХОДИЛИ СТОРОНОЙ»

Стоит ли говорить, что с такой интерпретаций истории согласны не все? Рассказывает восьмидесятичетырёхлетний пенсионер Арон:

«Во время Второй Мировой войны я с мамой жил в еврейском местечке на Волыни. Когда пришли немцы, мы бежали в лес. Украинские деревни мы обходили стороной, а вот в польских просили еды. Поэтому мне больно сегодня слышать о том, что у евреев не было проблем во время войны с украинцами.

К сожалению, были. Я и сам понимаю, что это смешно, но когда я вижу в фильмах советский танк, на мои глаза наворачиваются слезы. Может, поэтому меня коробит, когда в современной историографии нашей страны утверждается, что в течение веков главным врагом украинцев были русские.

Я осуждаю российскую агрессию, но мне не нравится радикальный национализм в сегодняшней Украине.

Мне на ум приходит цитата из Владимира Короленко: «Всякий национализм имеет нечто отрицательное, даже и защитный национализм слишком легко переходит в агрессивный. В украинском есть еще и привкус национализма романтического и бутафорского»».

«ЕВРОПЕЙСКАЯ ЦИВИЛИЗАЦИЯ НАМ БЛИЖЕ ЕВРАЗИЙСКОЙ»

Но все же в нынешнем российско-украинском противостоянии большинство украинских евреев однозначно за Украину.

Сегодня одним из главных киевских идеологов борьбы с российским империализмом является в прошлом один из наиболее талантливых авторов «Независимой Газеты» Виталий Портников.

Почти во всех его статьях проводятся параллели между путинской Россией и гитлеровской Германией. Горячий поклонник Израиля, Виталий любит сравнивать «ДНР» и «ЛНР» с сектором Газа и советует украинским военным использовать опыт еврейского государства в борьбе с террористами.

Иногда кажется, что Виталия просто «заносит». Например, как-то он написал, что можно будет говорить о признании Россией своих грехов перед Украиной лишь когда в Москве появится улица Романа Шухевича. То есть того самого полевого командира УПА, отношение к которому в Израиле далеко от позитивного. Вот, например, мнение израильского посла в Киеве Михаэля Бродского:

> Израиль критикует решение украинских властей называть улицы, проспекты именами Бандеры, Шухевича, Кубийовича, и т.д. — Израиль исходит из еврейского понимания этих личностей. Для нас важно, что эти люди поддерживали нацизм. Для нас важно, что эти люди хотели видеть Украину без евреев. И с нашей точки зрения, неправильно называть улицы именами таких деятелей. Для нас все они военные преступники.

Кстати, когда я был в Киеве в 2019 году, неожиданно получил «привет» из моего далекого и уже забытого прошлого.

В советское время я, будучи ребенком, отдыхал в лагере для способных в математике детей в Эстонии. Этот лагерь был создан уникальным педагогом Николаем Константиновом, а в работе с детьми ему помогали студенты математических факультетов московских вузов.

На самом деле математика в лагерях была на втором месте — дети пытались сделать свободными от «совкового» духа, и атмосфера в лагере была очень антисоветской.

Лагерь располагался в глухом лесу на берегу озера. Обстановка в нем была очень вольготной и кардинально отличалась от того, что было в советских пионерских лагерях: нами никто не командовал. Мы катались на велосипедах, а по вечерам Константинов рассказывал нам о китайской философии, о далеком мире за железным занавесом.

Одним из преподавателей лагеря был студент мехмата, киевлянин Дима Б., под руководством которого я и еще несколько подростков совершили многодневный поход на велосипедах в Таллинн.

После окончания школы я потерял Диму из вида, но во время моей поездки по Украине в 2019-м, мой старый приятель, прочитав мои статьи, нашел меня через фейсбук.

Вот его достаточно симптоматичный рассказ:

После окончания университета я остался в Москве, по-прежнему преподавал математику одаренным детям. После развала СССР мы организовали сеть лагерей в России, работать стало гораздо легче и интересней, чем при коммунистах. Но вот где-то с середины 2000-х я почувствовал: совок возвращается!

Мне стало противно оставаться в России, я не мог просто физически, и уехал туда, куда меня брали без проблем — в Израиль. Из Израиля я стал пристально следить за событиями на моей родине, в Украине: для меня было очевидно, на чьей стороне правда.

Мои статьи об Украине моему приятелю в целом не нравились. Вот, например, что он написал мне в далеком 2019 по поводу моей статьи об украинизации образования в Украине:

В Израиле русский язык является родным для 18% населения. При этом в 100% школ обучение происходит на иврите. И это совершенно правильно. Никаких русских школ ни в Израиле, ни в Украине быть не должно. Всё обучение должно происходить на государственном языке. (Конечно, это не исключает изучение русского языка по выбору ученика, как отдельный предмет, наравне с другими иностранными.)

В противном случае выпускники школ оказываются не знающими государственного языка, и тем самым оказываются дискриминируемыми в дальнейшей карьере. Такая дискриминация государственного языка приводит к сепаратистским настроениям в регионах. И это и случилось в Крыму.

На 2014 год в украинском Крыму было около 600 школ, из них 14 крымскотатарских, 7 украинских, остальные русские. Налицо была дискриминация украинского языка (а отнюдь не русского). Если бы украинское государство с 1991 года проводило последовательную политику перехода крымских школ на украинский язык, уже бы выросло поколение, владеющее государственным языком, и тогда социальных проблем, связанных с языком, не было бы. После освобождения Крыма Украине придётся заняться этим, но с запозданием на несколько десятков лет.

Но на аргумент Димы можно и возразить. Израиль в основном страна переселенцев и их потомков. Переезжая туда, люди знают, что они будут говорить на иврите; в определенном смысле они и ехали за этим. Предки же русских в Восточной Украине и Причерноморье говорят по-русски как минимум 150 лет, это люди русской культуры. К тому же и некоторые украинские историки признают, что и Крым и Причерноморье исторически не являются украинской территорией. В украинском случае скорее уместны параллели не с Израилем, а Квебеком, с фламандскими районами Бельгии и шведскими в Финляндии.

Чтобы «раскрыть мне глаза», Дима свел меня с Аликом, другим киевским математиком. Алик оказался бородачом лет шестидесяти с ужасными зубами и кнопочным телефоном. На первый взгляд он производил впечатление бомжа, но минуты через две общения, послушав его умную речь, мне его внешность уже не казалась странной.

Это был довольно распространенный типаж математика-отшельника, совершенно не заботящегося о своем внешнем виде.

Как сказал мне новый знакомый, режим Януковича он не воспринимал просто «на эстетическом уровне», и поэтому был активным участником обоих Майданов.

— И на первом Майдане, а в начале и на втором атмосфера была просто удивительная! Она даже напоминала наш эстонский лагерь, ну а потом «Беркут» стал стрелять по митингующим, — на этом месте мой пожилой собеседник прерывает монолог, глаза его застилают слезы.

Достаточно логично объяснил поддержку украинской революции большинством местных евреев председатель Ассоциации еврейских общин Украины Иосиф Зисельс.

Как он заявил в 2014-м «Радио Свобода», нынешнее противостояние в Украине — выбор между европейской и евразийской цивилизациями, а как показывает исторический опыт, для евреев первое лучше.

Примечательно, что антисемитизм в современной Украине фактически испарился. Я довольно часто слышал критические высказывания в адрес президента Зеленского, но ни разу не слышал против него антисемитских высказываний.

МЫ ВОЮЕМ ПРОТИВ ХАЗАРИИ

До начала широкомасштабного российского вторжения поддержка украинскими евреями Евромайдана вызывала ответную реакцию в так называемых «ДНР-ЛНР». Антисемитской риторикой были наполнены многие сепаратистские сайты. Тиражировалась даже забавная версия, что первоначально евреям за поддержку Майдана была обещана автономия в Крыму!

Антисемитские высказывания были характерны и для отдельных сепаратистских полевых командиров среднего уровня. Например, атаман Демин неоднократно называл жидом своего оппонента председателя «ЛНР» (ныне бывшего) Игоря Плотницкого. Погибший полевой командир Алексей Мозговой как-то пошутил, что он воюет против Хазарии.

Памятно и высказывание также погибшего лидера «ДНР» Александра Захарченко, заявившего, что сегодня Украиной правят «жалкие представители очень большого великого народа». Вроде как перед всеми евреями и «расшаркался», но в антисемиты все равно был тут же записан, тем более что ряд СМИ с удовольствием процитировали его не дословно.

В то же время за исключением приведенного выше высказывания Захарченко, которое можно назвать антисемитским лишь с большой долей условности, руководство сепаратистов не допускало явных антисемитских высказываний.

ОТНОШЕНИЕ К РОССИИ ПОСЛЕ АГРЕССИИ

Я не буду писать о том, как изменилось отношение к Кремлю у политиков разных стран. Скажу лишь о своих впечатлениях от общения с простыми людьми в разных точках мира.

БЫВШИЙ СССР

Естественно, наиболее напряженные отношения были с украинцами. У меня было с ними несколько несильных конфликтов. Поразило, что одни в недавнем прошлом русскоязычные одесситы принципиально говорили со мной только по-украински или по-английски.

Но и здесь все неоднозначно. В городе Пай на севере Таиланда я познакомился с хозяином кафе и отеля Константином. Он родом из Харькова, эмигрировал еще во времена СССР. Сначала жил в США, потом переехал в Таиланд, где и женился на тайке.

Сейчас у него несколько детей, которые говорят по-тайски и по-английски, но ни слова не знают по-русски. После начала полномасштабной войны в Украине Костя предоставлял жилье в своем отеле гражданам Украины бесплатно, но и к России у него ненависти нет: «Как я могу Россию не любить?! У меня мама русская!»

В кафе Кости собираются местные белые дауншифтеры. Сидя под красным советским флагом, поют песни, пьют пиво и употребляют легкие наркотики. Неудивительно, что это место очень любят русские и украинцы. Живут очень дружно. Правда, и те и другие умышленно избегают политических тем, чтобы не возникло конфликтов. К тому же помогает то, что тайские славяне в основном крайне аполитичны.

Но вряд ли стоит удивляться, что россиян ненавидят прибалты. На тропе в горах по акценту туристов понял, что они из России. Стали болтать. Вдруг проходят двое других туристов, один из них кричит: «Слава Украине!» Мы ответили: «Героям слава!»

Вдруг смотрю: я с этим парнем из Литвы вчера говорил. Он сказал, что русского языка не знает. Говорю, что за день прогресс в его знании русского просто потрясающий. Его друг, опять же на русском, говорит, что это под воздействием горного воздуха. Дальше такой диалог:

— Ты можешь Кремль не любить, но отказываться говорить по-русски нехорошо. Я бы так не сделал.

— Мне русские столько плохого сделали, что это нормально.

— Да тебе и тридцати нет, когда русские успели тебя обидеть?

— Русский убил моего отца.

— Ну, а я-то причем?

— Ладно, я пошел.

Очень грустно, что теперь более, чем прохладно относятся к русским грузины. Они утверждают, что забыли русский язык. Общаться с ними приходится по-английски, они вежливы, но былой грузинской теплоты (помню, как меня принимали при Союзе) нет и в помине.

С другими народами бывшего Союза проблем у меня не было никаких. К русским они относятся по-прежнему хорошо, а в Центральной Азии очень многие ностальгируют по Союзу.

Не знаю, как сейчас, но когда в начале 2000-х я жил в качестве иностранного корреспондента в Центральной Азии, местные любили говорить: «При СССР мы жили, как в раю, но не понимали этого. Сейчас нам рассказывают про колонизацию, что мы были рабами русских, а ведь теперь у нас конкурс, чтобы оказаться в этом рабстве».

СТРАНЫ ТРЕТЬЕГО МИРА

Во многих государствах царит подчеркнутый нейтралитет по отношению к конфликту в Украине (Таиланд, Турция и другие), но есть и немало стран, где поддерживают Россию по очень банальной причине: ненависть к США. Но в целом количество противников и сторонников России примерно одинаково.

БОГАТЫЕ СТРАНЫ ЗАПАДА

Большинство здесь за Украину. Один немецкий пенсионер заявил мне, что ненавидит Россию — страну-убийцу и готов на войне убивать всех русских.

Но такие случаи крайне редки. В западной культуре принято избегать конфликта. Например, когда я жил в буддистском монастыре, где почти все студенты были из Европы и Америки, тему Украины со мной обсуждать избегали: мол, кто знает, какие взгляды у этого русского, поэтому лучше эту тему не трогать.

Но и здесь не было полного единодушия. Приблизительно двадцать процентов европейцев и американцев были скорее за Россию. В Европе это в основном, леваки, а в США — правые республиканцы.

Приведу пример моего немецкого приятеля Ульриха Хайдена. В начале 1990-х он переехал жить в Россию частично из любопытства, а частично из-за комплекса вины: его отец воевал на восточном фронте.

Кстати, косвенной причиной переезда моего приятеля в Россию было как раз падение Берлинской стены. После объединения Германии в восточных землях произошло несколько погромов общежитий иностранцев, и это для убежденного антифашиста Ульриха оказалось последней каплей.

Между прочим, отец Ульриха как раз никакого комплекса вины не испытывает. Он приезжал к сыну в Москву и на такси, взяв его в качестве переводчика, отправился по местам своей «боевой славы».

«Он спрашивал у водителя, какая высота холма, который удерживали советские войска, и сокрушался, что его батальон не смог взять это укрепление. Мне было очень стыдно!» — рассказывал мне новоявленный москвич.

Каково же было мое удивление, когда я узнал, что сейчас Ульрих поддерживает Кремль и даже регулярно выступает на российских пропагандистских каналах.

Вот как он мне это объяснил:

Основной причиной российского вторжения стал отказ США обсуждать с Москвой гарантии безопасности для России. Это предложение и угрозу России в противном случае ответить военным путем Вашингтон проигнорировал. И эта была причина войны.

Я надеялся, что Россия ограничится народными республиками. Оккупацию всей Украины я с самого начала считал нереальной. Но агрессивность, с которой США, Великобритания и Германия сейчас поставляют оружие и говорят о нужной «победе», показывает, что они хотели полного вступления Украины в НАТО еще в 2014 году.

Ангела Меркель публично заявила, что она инициировала Минские соглашения только для того, чтобы дать Украине время на перевооружение. У украинских генералов были в 2022-м году планы «освободить» Донецк и Луганск.

Возможно, России не оставалось ничего другого, как использовать «спецоперацию» для расширения своей зоны безопасности, хотя мы сейчас видим, что это, возможно, означает, что эта война может длиться несколько лет.

Я побывал в народных республиках с весны 2014 года до 2019 пять раз и писал книгу об этом.

Другой пример. Еще с двадцать лет назад заросший рыжей бородой до пояса гватемальский фермер Джим Вайт был простым американским спецназовцем и не слишком задумывался о политике. Он просто твердо знал, что живет в лучшей стране в мире. «Прозрение» наступило в Афганистане.

— До этого я думал, что Америкой восхищаются во всем мире, и вдруг обнаружил, что нас очень многие ненавидят, — рассказывает мне Джим. — Я увидел разбомбленные нами города, труппы мирных жителей и задумался: «А так ли уж хороша моя страна?».

Развязка наступила после его возвращения в США. Облаченный в военную форму, пьяный Вайт взобрался на стойку бара в городке, где располагалась воинская часть, и провозгласил: «Джордж Буш — трус и убийца!».

Некоторые посетители пытались возразить Джиму, и он полез в драку. Покопав три месяца канавы в исправительно-трудовом лагере американских вооруженных сил, борец с капитализмом уволился из армии, взял кредит в банке (который по идейным соображениям не собирается отдавать) и купил ферму в Гватемале.

Сейчас Джим сторонник Трампа. Вот что он мне пишет из гватемальских джунглей: «Я не против Украины. Но причем тут США? У нас и своих проблем достаточно. Пусть Зеленский и дальше разбирается с русскими, а мы будем заниматься делами своей страны!».

Вообще, отношение к украинской войне в США достаточно четко связано с партийной принадлежностью. Так, и Джо Байден и Камала Харрис неоднократно подчеркивали, что война в Украине — это битва добра со злом и какие-то компромиссы с Кремлем, кроме его безоговорочной капитуляции, немыслимы. На российскую агрессию, как экзистенциальную угрозу, смотрят и большинство рядовых демократов.

Республиканцы же, хотя большинство из них и сочувствуют Украине, гораздо менее категоричны.

Как-то незадолго до президентских выборов я ехал через пустыню и наткнулся на странную ферму. Ее хозяин водрузил над своей землей флаги США и Трампа, и еженедельно менял плакаты, агитирующие голосовать за Трампа.

Со мной этот человек по имени Ларри был очень доброжелателен. Критику демократов он начал с того, что они собираются все автомобили сделать электрическими. Дальше стал критиковать программу закрытия ядерных станций (по его мнению, они безопасны).

Про трансгендеров он сказал, что это очень просто: нужно снять с человека штаны и станет ясно какого он пола. Также добавил, что если человек привинтит на каску рог, то он от этого не станет носорогом.

В целом же, по мнению Ларри, главная проблема демократов в том, что они живут не головой, а эмоциями. Им, например, жалко нелегальных мигрантов, но платить за это чувство должны другие.

Мой новый знакомый говорил очень напористо и уверенно, а вот когда я его спросил про войну в Украине, на его лице неожиданно появилась растерянность:

«Если честно, я не имею четкого мнения по этому вопросу. С одной стороны, я сочувствую украинцам, поддерживаю их желание жить отдельно от русских, но мне жалко и триллионы долларов, которые моя страна там тратит. Я не уверен, что нам надо лезть в этот конфликт. Возожно, нам лучше сконцентрироваться на своих делах».

«РАНЬШЕ ОНИ НАС РЕЗАЛИ, А ТЕПЕРЬ К НАМ РАБОТАТЬ ЕДУТ» (ЭХО ВОЛЫНСКОЙ РЕЗНИ)

Украинцы с Волыни приехали на рынок в пограничный польский городок. Мальчик лет пяти спрашивает о них у торговки:

— Бабушка, а почему эти люди так странно разговаривают?

— А это, внучок, такие украинцы. Они раньше нас поляков резали, а теперь вот на работу к нам приезжают.

Это реальный эпизод, о котором мне рассказывали украинские гастарбайтеры в Польше. Память о «Волынской трагедии» до сих пор живет в воспоминаниях стариков, как поляков, так и украинцев, живущих на Волыне и Холмщине.

Память о Волынской трагедии до сих пор живет в воспоминаниях стариков, как поляков, так и украинцев, живущих на Волыни и Холмщине.

СОПЕРНИК КИЕВА И ВЛАДИМИРА

Во времена Киевской Руси город Владимир (бывший Владимир-Волынский) был столицей Волынско-Галицкого княжества — одного из самых могущественных государств восточных славян того времени. Впервые город Владимир упоминается в «Повести временных лет» под 988 годом — тогда киевский князь Владимир Святославич посадил там на княжение своего сына Всеволода. По древности истории этот город может соперничать с Киевом, Владимиром (в России) и Новгородом-Великим.

«На протяжении ста лет после падения Киева Галицко-Волынское княжество служило опорой украинской государственности — в том смысле, что не только наследовало политическую роль и политический уклад Киевской Руси, но и препятствовало поглощению западноукраинских земель Польшей», — пишет уже упоминавшийся канадский историк украинского происхождения Орест Субтельный.

В городе и сегодня сохранился великолепный Успенский собор XII века и несколько шедевров православной архитектуры более поздних веков. Кстати, эпитет «волынский» был добавлен к названию города после его присоединения к Российской империи, чтобы избежать путаницы со знаменитым «тезкой». В 2021 году город вновь переименован во Владимир.

Впрочем, сейчас от былой славы в городе осталось не так уж и много. Сегодня 40-тысячный Владимир — олицетворение западной украинской провинции. По сравнению с соседней Львовской областью и Закарпатьем здесь почти нет зарубежных туристов, и город выглядит очень буднично.

Местная архитектура представляет собой причудливую эклектику из древних православных соборов, польских костелов, советских хрущевок и частной застройки (она преобладает). Я попал в город на Пасху, по случаю которой были закрыты все рестораны; так что мне пришлось питаться всухомятку, закупившись в магазине.

Местные жители, хотя и очень приветливы, но просты иногда до неосознанной грубости, и в этом напоминают «донбассцев», хотя и говорят исключительно на украинском.

Кстати, в чем-то жители Волыни мне показались бóльшими националистами, чем львовяне. Я был в городе в 2019 году, и в то время во Львовской области со мной говорили по-русски, а вот на Волыни и до 24 февраля 2022 со мной из принципиальных соображений говорили по-украински. При этом логика была приблизительна такая:

Это же Украина, почему я должна говорить по-русски, вы же понимаете, когда я по-украински говорю (на самом деле иногда с трудом — *Авт.*)! Вы же можете отвечать мне по-русски.

Возможно, меньшая гибкость и склонность к компромиссу местных жителей объясняется тем, что, в отличие от Галиции, до 1917 года Волынь принадлежала Российской империи.

Во время Второй Мировой войны именно в окрестностях Владимира УПА проводила наиболее масштабные этнические чистки поляков. Увы, в центре города поставлен памятник бойцам УПА, но отнюдь не их жертвам.

«УБЕЙ СВОЮ ЖЕНУ»

Для того, чтобы понять польскую точку зрения, я решил посетить местный католический собор. Службу здесь ведет гражданин Польши, заросший бородой монах Лешик.

— Чистых поляков на Волыни уже почти нет, а вот полукровки остались. Именно такие люди и являются моими прихожанами. Обычно на службу приходит около семидесяти человек, а на большие праздники (Рождество, Пасху) до несколько сот, — рассказывает мне ксендз.

Пан Лешик категорически отказывается обсуждать со мной тему Волынской резни.

— Вы поймите, это уж слишком деликатная тема. Мне как священнослужителю, и к тому же иностранцу, ее лучше не касаться. Лучше возьмите в подарок шоколадное яйцо, я его из Польши привез.

К слову сказать, как выяснилось позднее, осторожность проявлял не только господин Лешик, но и другие поляки, живущие на Волыни. Вице-консул Польши в городе Луцк господин Марек Запур согласился говорить со мной лишь на неофициальном уровне:

— Здесь слишком большая смена кадров. Я не хочу лишиться места из-за одного неверного слова.

— Да, я помню, тут недавно был скандал с каким-то польским вице-консулом, заявившим, что Львов был польским городом.

— Это как раз я и был. Меня спровоцировали. Я на самом деле лишь сказал, что до Второй Мировой войны во Львове жили в основном поляки. Но это же общеизвестная истина, а ее представили так, что я считаю Львов польским городом.

Еще больше удивил меня главный председатель общества поляков Волынской области Валентин Вакулюк. По его мнению, главная проблема не в украинцах и поляках, а в России, которая издавна пытается покорить как Польшу, так и Украину.

При этом, в отличие от польского сейма, господин Вакулюк категорически отказывался признать ответственным за геноцид УПА, так как он «не историк». То, как вел себя «главный поляк Волыни», очень напоминало мою беседу с львовским раввином, утверждавшим, что евреи и бандеровцы жили душа в душу.

Когда я рассказал своим местным знакомым о необычных взглядах главного волынского поляка, они ничуть не удивились. Конечно же, если бы Вакулюк решился заклеймить УПА, в тюрьму бы его не посадили, а вот кинуть камень в окно, напугать детей вполне бы могли.

Впрочем, один из прихожан костела Владимира, шестидесятилетний программист Роман, ругать УПА не побоялся. Выяснилось, что Роман поляк лишь на четверть: его дед был женат на польке. Во время войны деду регулярно подкидывали записки: «Убей свою жену». Напряженные отношения с украинцами у бабушки Романа сохранялись и в советское время:

— Хотя бабушка и жила в деревне, она всегда подчеркнуто одевалась как городская. В перестройку, когда совсем было худо с продуктами, моя бабушка, нарядившись, пришла в сельпо, где уже стояла длинная очередь за хлебом. «О, наша польская пани пожаловала!» — стали иронизировать из очереди. «Я-то пани, а вы как были крестьянками, так ими и остались!» — парировала бабушка.

При этом сам Роман с национальной проблемой уже никогда не сталкивался:

— Это характерно для людей военного поколения. Чем меньше их остается в живых, тем меньше взаимного недоверия между поляками и украинцами.

Приведу такой пример. Во время войны недалеко от нашего города немцы построили концлагерь для советских военнопленных. Еще лет двадцать назад туда регулярно приезжали родственники погибших, на братской могиле концлагеря всегда стояли цветы, а сейчас это место почти заброшено.

То же самое происходит и с волынской трагедией — все большего числа ее очевидцев уже нет в живых, а молодежи эта проблема неинтересна.

В то же время, как утверждает Роман, сейчас Волынскую трагедию вновь пытаются использовать как в Польше, так и в Украине, но уже как искусственно раздуваемую политическую проблему.

Кстати, даже при потере интереса к Волынской трагедии полностью забыть о ней просто нереально. В 1944 году всех волынских поляков депортировали в Польшу, а в их дома заселили украинцев из Польши.

«Польская тема будет еще долго вспоминать о себе. Например, мои родители живут в бывшем польском селе. От поляков здесь сохранилось многое: колодцы, яблоневые сады. Часто, копаясь в огороде, мы находим какие-то предметы, оставленные бывшими хозяевами.

Но я не считаю, что в произошедшем виноваты украинцы. Бабушка мне рассказывала, что в начале они жили с поляками очень дружно, ну а потом Москва решило нас искусственно рассорить, применив свой излюбленный прием «Разделяй и властвуй»», — рассказывает мне сорокалетняя продавщица из Владимира.

ПУГЛИВЫЕ ПОЛЯКИ

Недалеко от Владимира находилось польское село Островки, дотла сожженное бойцами УПА во время войны. Сейчас на месте деревни лишь поле, а захоронения погибших поляков и монумент в честь жертв УПА находятся на бывшем сельском кладбище.

Когда я в 2019-м приехал на кладбище, с удивлением обнаружил рядом с ним живущих в палатках поляков. Старшим у них оказался заведующий отдела поиска захоронений Польского Института национальной памяти из Люблина Леон Попек.

Господин Попек встретил меня очень приветливо — он поздравил меня с православной Пасхой и провел небольшую экскурсию по кладбищу, показав, в том числе, могилу своего деда.

Интересно, что на кладбище есть и могила польских солдат и красноармейцев, погибших в боях с друг другом в двадцатые годы прошлого столетия.

— Мертвые все равны, поэтому и польских солдат, и красноармейцев мы похоронили вместе, поставив по кресту и тем, и другим, — говорит мне Леон Попек.

В общем, мое общение с польским активистом происходило очень хорошо до того момента, как я начал фотографировать палатки поляков. Мои новые знакомые были этим очень недовольны, а Леон Попек даже вспомнил русский и сказал, что я им оказываю «медвежью услугу». Как не слишком охотно объяснили мне поляки, работают на кладбище они «не совсем официально».

Дело в том, что эксгумацию поляков, а также заботу о их памятниках курирует Украинский Институт национальной памяти. Этот институт, взявший на себя, по сути, функции министерства культуры, был создан по инициативе Виктора Ющенко для «воссоздания справедливой истории украинской нации и формирования и реализации государственной политики в этом направлении».

«Пугливость» поляков объяснил мне волынский археолог Алексей Златогорский:

— С 2016 года в Украине Институтом национальной памяти Украины запрещена эксгумация захоронений поляков, а также ухаживание за могилами. С точки зрения украинского института это «ответная мера» на демонтаж памятника УПА на могиле бандеровцев в селе Грущевицы в Польше.

В начале памятник просто уничтожили местные власти, а через год местные археологи провели эксгумацию и пришли к выводу, что в могиле похоронены не бандеровцы.

Поляки не против памятников бандеровцам на их могилах, но, конечно же, не соглашаются на обычные мемориалы УПА. В Польше это выглядело бы так же дико, как памятники фашистам в СССР. Кстати, демонстративная любовь к УПА руководства Украинского Института национальной памяти вызывает крайне негативную реакцию в Польше.

МЕЖДУ БОЛЬШИМ И МАЛЫМ ШАЙТАНАМИ

Однако после 24 февраля 2022 года Киев не препятствует эксгумации и ухаживанию за могилами поляков, погибших во время Волынской резни. Не было бы счастья, да несчастье помогло: российская агрессия существенно улучшила достаточно запутанные и непростые украинско-польские отношения.

В свое время предводитель иранской революции аятолла Хомейни выделял трех «шайтанов»: «Большой шайтан» — США, «средний шайтан» — СССР и «малый шайтан» — Израиль. С некоей натяжкой можно пошутить, что «Большой шайтан» для Польши — это Россия, а «малый» — Украина.

О былых войнах как с Украиной, так и с Россией в Польше прекрасно помнят. Мне часто приходилось слышать от поляков, что во время войны украинцы своей жестокостью превосходили и русских, и немцев.

В Польше популярен такой анекдот: «Поляка спросили, что он думает о ближневосточном вопросе. Он подумал и ответил: „Ну, Киев мы уже однозначно потеряли, а вот за Львов можно еще и побороться“».

Однако после 24 февраля 2022 года Польша и балтийские страны — наиболее преданные союзники Украины в борьбе российской агрессии. Былые обиды, по крайней мере на время, забыты.

«ПОЛЬСКИЕ БАНДИТЫ ВРЫВАЛИСЬ В НАШИ СЕЛА»

Из Владимира-Волынского я решил отправиться в соседний с ним польский городок Хельм (Холм).

Город был основан в XIII веке князем Даниилом Галицким как резиденция правителя Галицко-Волынского княжества. После смерти Даниила в 1264 г. Холмщина была поделена между его сыновьями, затем внуками. Холм упоминается в летописном «Списке русских городов дальних и ближних». Это был центр граничащей с Волынью исторической областью Холмщина, где до 1944 года проживало значительное количество украинцев.

«С 1944 по 1946 год из Холмщины насильно в Украину было выслано 530 тысяч украинцев. Еще 150 тысяч было уже в послевоенные годы депортировано в ходе операции „Висла“ на Запад Польши», — рассказывает мне переселенец из Польши, почетный председатель общества «Холмщина» Волынской области Николай Онофрийчук.

Кстати, господин Онофрийчук откровенно недоволен интерпретацией волынских событий, как геноцида поляков.

— Это просто чушь. Убивали обе стороны. У нас на Холмщине поляки разрушили 213 сел. Польские бандиты врывались в наши села, наставляли пистолет на лоб и заставляли креститься. Если человек крестился как православный, его убивали.

Гостиница, в которой я остановился в Хельме, называлась Kazak, а в ее холле висели портреты «запорожцев». Но эта, на первый взгляд, странность была как раз объяснима. Как выяснилось, Kazak — фамилия хозяина отеля, у которого есть давние украинские корни.

Есть в Хельме и достаточно внушительная православная церковь. Ее священник отец Иоанн родом из польского Белостока, в окрестностях которого немало белорусских сел.

Как мне признался священник, в его семье общались на странной смеси белорусских, польских и украинских слов. По словам отца Иоанна, сейчас в Хельме осталось только 120 украинских семей, но в городе очень много мигрантов из Украины.

— О волынской трагедии поляки, конечно, помнят. Например, около вокзала стоит памятник жертвам волынской резни, и в годовщину трагедии у него собираются несколько сот человек, — рассказывает мне отец Иоанн.

В то же время, он твердо считает, что, несмотря на волынские события, к украинцам в Польше относятся вполне доброжелательно.

— Подавляющая часть поляков не винят в трагедии всех украинцев. Я часто посещаю студенческие общежития, где живут приезжие из Украины. Ребята живут с поляками очень дружно. Национальность здесь никого не волнует.

В целом мне показалось, что мнение отца Иоанна соответствует действительности, хотя и с некоторыми несущественными оговорками.

Украинские студенты Холмского кулинарного колледжа поведали мне, что им запрещают на переменах говорить по-украински, якобы чтобы учащиеся совершенствовали свой польский.

Кстати, как мне приходилось слышать от «заробитчан» (мигранты, приехавшие на работу), поляки не любят, когда к ним обращаются на украинском; лучше говорить на ломанном польском или английском. Но в целом, как мне показалось, в Польше к мигрантам относятся по-западному: то есть гораздо терпимее, чем в России.

Другое дело, что поляки очень не любят, если украинцы в открытую демонстрируют в их стране свои симпатии к УПА.

Интересно, что в реальности для большинства жителей Хельма тема волынской трагедии далеко не самая актуальная. Почти никто в городе не мог объяснить мне, где находится памятник жертвам волынской резни. Более того, сотрудница местного краеведческого музея уверяла меня, что такого памятника просто нет. Тем не менее, он существует и даже содержится в идеальном состоянии.

ИЗ УКРАИНЫ ВПЛАВЬ

Кроме многочисленных патриотов Украины и достаточно немногочисленных сторонников «русского мира» в стране есть еще одна категория граждан: эти люди осуждают российскую агрессию, но и совершенно не готовы отдавать свою жизнь за Украину. Более того, радикальная украинизация и отказ от общего прошлого с Россией вызывает у них резкое отторжение.

Одним из таких людей является мой полный тезка Игорь Ротарь из прифронтового Славянска.

Самое интересное, что в чем-то мы с этим Игорем Ротарем похожи. Он тоже для обретения внутреннего равновесия жил в монастыре и обожает жить на природе, вдали от цивилизации.

Впервые славянский Игорь Ротарь услышал про меня в Святогорском монастыре, где пытался прийти к внутреннему равновесию после украинского раздрая. Увидев его паспорт, монах в общежитии монастыря с удивлением сказал: «Гм, так уже был один Игорь Ротарь, потом статью про нас не совсем приятную написал».

Увы, видно, моему тезке монастырь не слишком помог, и он на несколько лет отправился жить в лагерь хиппи в карпатских горах. Узнав о его фамилии и имени, длинноволосые отшельники заявили, что один Игорь Ротарь уже написал про них статью.

А вот сейчас Игорь Ротарь проживает уже в Норвегии. Он уверовал в Бога и на приветствие «Слава Украине» отвечает «Мира Украине!»

Вот его рассказ.

В мой город пришли ополченцы и спросили: «Ты за кого воевать будешь, за Украину или за Россию?» Потом этот же вопрос мне задавали и украинские военные. Я работал учителем. Вел детский кружок. Нам объясняли, что наша основная задача была славить военных и настраивать детей и их родителей на «войну против России».

Я пришел к выводу, что и те, и другие одинаковые: они за войну.

Мне это было не по душе. Я уволился, и последние три года жил в Карпатах и изучал грибы и их лекарственные свойства.

Потом я уехал в Норвегию. Здесь я стал читать Пушкина, мне очень нравятся его стихи. К сожалению, в украинских (даже русскоязычных) школах его почти не проходили. Русскую литературы мы изучали, как иностранную, раз в неделю. Естественно, мы ничего не знали.

Мой друг по фейсбуку, известный украинский путешественник и блогер Андрей Сапунов (в социальных сетях «пан Сапунов») нелегально, вплавь через Днестр, перешел украинско-молдавскую границу. Дело в том, что сначала войны из страны не выпускают мужчин от 18 до 60 лет, а оставаться на родине «пану» не хотелось.

Беглец вошел в воду прямо в одежде. Андрей Сапунов в своем блоге признался, что такой способ весьма экстремальный: «Есть риск утонуть, это стоит иметь в виду тем, кто вдруг прочитает и захочет повторить... Днестр — достаточно широкая река, условно судоходная».

Свое решение пан Сапунов объяснил так:

За последние полтора года я не раз обдумывал, стоит ли покинуть страну, и часто казалось, что это безумие, которое происходит на территории Украины, еще немного продлится и все-таки закончится.

Особенно часто так казалось в 2022 году, но с наступлением 2023 года надежды на наступление мира начали таять. А лето нынешнего года окончательно убедило в том, что военные действия — увы — надолго, на годы.

А жить всю свою жизнь в условиях военного положения, обстрелов, комендантского часа и необычайной нервозности людей, которая превосходит все разумные пределы, очень сильно действует на психику.

Ночью ты боишься, что разбомбят твой дом, а днем ты боишься попасть под облаву. Ты прогуливаешься по городу, а вот тебя уже с такими же горемыками везут на поезде на передовую. В такой обстановке жить долго очень трудно, откровенно говоря.

Я не поддерживаю российскую агрессию, но мне не нравится тот психоз, который происходит в Украине вокруг русского языка и культуры. Я считаю себя русским писателем, ну и как мне теперь жить в Украине, где литературу на «имперском языке» теперь не печатают и не продают.

Автор многих тревел-блогов и нескольких путеводителей, Андрей Сапунов довольно известен в определенных кругах. Он активный член так называемой Академии Вольных Путешествий (АВП), основанной россиянином Антоном Кротовым. Члены АВП фактически бесплатно путешествуют по всему миру. Передвигаются автостопом, ночуют бесплатно у добрых людей (а их оказывается не так мало).

Можно по-разному оценивать моральность поступка Сапунова. Но, судя по всему, таких, как он в Украине немало.

Народный депутат, замглавы Комитета Верховной Рады по вопросам нацбезопасности, обороны и разведки Украины Марьяна Безуглая провела такое голосование.

Вопрос только для мужчин: чтобы меня не мобилизовали, готов ли я отказаться от украинского гражданства? — 73% участвовавших в голосовании (было опрошено около 4800 человек) согласились расстаться с украинским гражданством, чтобы не попасть на фронт.

Безуглую многие в Украине обвиняют в неадекватности. Но так ли неправдоподобны эти цифры? Примечательно, что эту информацию так и не опровергли на официальном уровне.

Если бы Безуглая написала, что 75% украинцев готовы смириться с российской оккупацией, лишь бы не идти в армию, да, это бы была сенсация. В данном же случае опрос предлагает альтернативу: идти воевать или ценой очень небольшой жертвы (потеря гражданства) иметь бронь. При таком подходе 25% готовых воевать — довольно много, это фактически добровольцы.

Я поговорил со своим украинскими знакомыми. Почти все они говорят, что если цифры опроса и преувеличены, то не катастрофически.

— Все, кто хотел воевать, уже давно на фронте. Люди не хотят воевать, потому что сейчас, в современном обществе, для многих людей своя жизнь важнее интересов государства.

И не стоит забывать о высоком проценте людей в Украине, которые еще до войны были готовы эмигрировать. Если ты и так хотел уехать из страны и выбрать для проживания другую, то зачем умирать за страну, в которой ты и так не хотел жить? — сказал мне по секрету киевский знакомый.

Эту информацию подтверждают и видео с облавами на улице, а также значительное число мужчин, переходящих границу нелегально.

«С февраля 2022 года по 31 августа 2023 года 19 740 человек незаконно пересекли границу Украины с соседними странами», — пишет BBC News со ссылкой на данные властей Румынии, Молдовы, Польши, Венгрии и Словакии. — «Еще 21 113 человек пытались покинуть страну, но были задержаны силовыми службами».

На украинском сайте «Судебные дела о пересечении или попытке незаконного пересечения государственной границы» даже составлена карта, показывающая частоту нелегальных переходов границы в разных регионов. В качестве показателя используется решение судов по делам переходящих нелегально границу в разных регионов. Всего в базе 6355 судебных разбирательств по нелегалам. Количество людей, которые ушли в Европу и их не поймали, вероятно, значительно большее.

Больше всего людей плывет в Румынию через реку Тису, на втором месте — река Днестр и молдавская граница.

Далее идет граница Украины с Венгрией и Словакией — маленькие участки, но и там тоже люди пытаются прорваться на вожделенный Запад. А вот на украинско-польской границе, хотя она и большая, переходов немного. По-видимому, о чем проскальзывает информация, это связано с тем, что поляки иногда выдают нелегалов назад в Украину.

Большинство тех, кто пытался пересечь границу, просто переходил ее пешком или переплывал через пограничные реки. Почти семь тысяч украинцев пробовали выехать из страны по поддельным документам — в них были указаны фиктивные причины выезда, среди которых, значились, в частности, выдуманные болезни.

Источники BBC News подчеркивают, что какими методами пользовались люди, которым все-таки удалось сбежать, наверняка неизвестно

По данным BBC, пеший переход — самый популярный способ пересечения границы. Это связано с тем, что в таком случае беженцам «относительно просто» подать заявление на предоставление убежища, отмечает издание.

Кроме того, издание выяснило, что в социальных сетях существуют как минимум шесть каналов, которые предлагают услуги по производству поддельных документов, в том числе тех, которые позволяют мужчинам въезжать и выезжать из страны в любое время. Такой вариант является самым дорогим.

Рассуждает пан Сапунов:

Можно догадаться, как на такие цифры отреагируют некоторые люди. «Пускай они все валят, зато когда они все уедут, останутся только самые лучшие». Но только какой процент жителей должен уехать для достижения счастья? 20%, 50%, 70%, 90%? Вот в чем вопрос.

А если есть люди, которые готовы жить в стране, развивать ее экономику, культуру, детей растить, но не готовы умирать за нее — какой процент таких людей? Никто же не считал по-серьезному. И что с ними делать?

А если есть люди, которые готовы помогать стране в чем-то, но не готовы умирать за нее — что с ними?

А если есть люди, которые живут за границей, но оттуда поддерживают свою страну чем могут — что с ними? Куда их запишем?

А если есть люди, которые не готовы помогать стране, тем более умирать за нее, но при этом не готовы и воевать против нее, на фронте или в тылу? Которые хотят просто чтобы их оставили в покое. Что с ними делать-то? Все категории запишем во «враги народа»?

Это всё вопросы, на которые стараются не давать ответа. Ни в Украине, ни в других странах. Потому что вопросы это сложные, неоднозначные, и ответа легкого на них нет.

Часть II
Под властью Кремля

В КРАЮ ОПОЛЧЕНЦЕВ

«ЕСЛИ СТРАНЕ НАДО, МЫ ПОТЕРПИМ!»
Впервые я побывал в Донецкой области в 1987 году на практике географического факультета МГУ. Мы на автобусе проехали по Донецкой области. Говорили там (по крайней мере в городах) только по-русски. Ночевали мы в общежитиях местных вузов, и их студентки довольно часто затевали короткие, но бурные романы с москвичами; никакой ненависти к «кацапам» я не заметил.

Я в то время бегал трусцой. Но воздух в городах Донбасса был такой, что мне казалось, что я не занимаюсь спортом, а напротив, выкуриваю сигарету. Чем я и поделился с местным студентом. Ответ был такой: «Знаешь, у нас тут такой народ — если стране надо, мы потерпим!»

В следующий раз я попал в Донбасс уже в начале перестройки. У меня была девушка с филфака МГУ, еврейка из Донецка. Интересно, что свой город она настолько не любила, что даже выдумала историю, что раньше жила в Питере, но потом ее родители поменяли квартиру на бо́льшую по размеру в Донецке.

В Донецке моя девушка дружила только с одной местной еврейкой. Дончан они откровенно презирали. Помню ее подруга мне рассказывала: «У нас всякие кооперативы невозможны. Местные рассуждают так: „Я за 200 рублей в забой лезу, а он на шашлыках будет больше, чем я зарабатывать?!"»

Окрестности города я исследовал в одиночестве. Сплошные терриконы; правда я искупался в каком-то пруду, но, как выяснилось, он был для очистки угля. На обратном пути меня подвезли пенсионеры. Денег они с меня не взяли: «Мы — советские люди старой формации и этим не занимаемся».

Советский дух Донбасса сочетался с провинциальной домовитостью. Местные хозяйки презирали московских: «У вас там макаронами питаются, а у нас нормальный обед: борщ, голубцы. Осенью мы закатываем в банки огурцы, помидоры, перец, абрикосы. На всю зиму хватает».

Украинского языка в Донецке не слышал; правда, был один эпизод. Моя девушка рассказывала: «Зашла я на филфак местного университета, а секретарша про меня говорит: „Марья Ивановна, тут к вам дивчина пришла“. И это кафедра русского языка!»

«ЕСЛИ БЫ НАШ ОТРЯД НЕ ПЕРЕШЁЛ ГРАНИЦУ...»

Российская пропаганда любит говорить о восстании жителей восточной Украины против «хунты» в 2014 году. Действительно, победа Евромайдана вызвала волну протестов на юго-востоке и юге страны. Однако смогли бы митингующие победить без помощи Кремля?

В полуторачасовом фильме «Его война» журналист Андрей Захаров убедительно доказывает, что эти митинги координировались и спонсировались из Москвы.

«Хочу сказать по другим регионам: мы профинансировали Одессу, мы профинансировали Харьков. Значит, приняли заявки от других регионов, но пока притормозим. Потому что пока финансовый вопрос я не решил. Сейчас я уже казакам выплатил деньги, которые им десять человек обещали, но никто ни х** не дал», — говорил в перехваченном разговоре по телефону депутат от фракции «Единая Россия» Константин Затулин.

Из другой перехваченной переписки выяснилось, что советник Путина Сергей Глазьев ждал от пророссийских активистов «осмеченные планы действий», то есть с готовыми сметами.

В Харькове после этого собирали деньги на форму, берцы, бронежилеты, электрошокеры, автомобили и зарплату оперативных сотрудников, а в Донецке — 400 тысяч долларов на 200 комплектов экипировки, чтобы оборудовать постоянный лагерь в центре города и не допустить угасания протеста.

В Одессу руководить протестами отправили Кирилла Фролова, экс-активиста прокремлевского движения «Местные».

А вот какого сценария требовал от активистов Глазьев:

> У меня есть прямое поручение всех поднимать, поднимать народ. Народ должен собраться на площади, потребовать обратиться к России за помощью против бандеровцев. Специально обученные люди должны бандеровцев выбить из здания облсовета, а затем должны собрать облсовет, создать исполнительный орган.
>
> Исполком областной, ему передавать исполнительную власть, подчинить милицию исполнительной власти этой новой.
>
> Нужно выводить на улицы, вот делать как в Харькове, по образцу, и как можно быстрее.

1 марта 2014 года Совет Федерации «разрешил» Путину ввести войска в Украину, но президент не сразу воспользовался этой возможностью. В результате пророссийские активисты на юго-востоке Украины, вдохновленные обещаниями о военной поддержки, пытались выводить людей на улицы и захватывать здания администраций, но без регулярной помощи протест начал затухать.

«Цели протестных выступлений на юго-востоке не были реализованы, они были достигнуты только в Крыму, и это стало возможным не по причине организованности и массовости протестов, а благодаря вмешательству России, без которого Крым ожидала бы судьба остального юго-востока», — говорил один из лидеров харьковского Антимайдана Юрий Апухтин.

Тогда-то Кремль и согласился на гибридную войну, послав в Донбасс отряд вооруженных добровольцев, возглавляемых экс-полковником ФСБ Игорем Гиркиным (Стрелковым).

«Если бы наш отряд не перешёл границу, в итоге всё бы кончилось, как в Харькове, как в Одессе. Было бы несколько десятков убитых, обожженных, арестованных. И на этом бы кончилось. Наш отряд был ядром сопротивления, без него „русская весна" была бы подавлена в зародыше», — говорил сам Гиркин.

«ОСАЖДЕННАЯ КРЕПОСТЬ»

В так называемой ДНР я был в далеком 2015-м. Дорога из подконтрольного тогда украинским войскам Артемовска в Донецк в мирное время занимала часа полтора.

Но в 2015 году все изменилось. Такси взять не удалось, я отправился в путь на автобусе, но доехал на нем только до первого украинского блокпоста. Дальше была очередь часов этак на пять. Пришлось пойти пешком до машины в голове очереди: «Подкиньте до Донецка, я вам восемьсот гривен дам».

За рулем сидела старушка лет семидесяти, а на заднем сидении расположился ее муж. Взять с меня деньги симпатичные пенсионеры категорически отказались:

«Да как же мы с вас деньги возьмем?! Вы же нам помочь едете! Мы — люди старой советской закалки и поэтому ДНР поддерживаем, а наша дочка, наоборот, за Украину. Она в Виннице журналисткой работает. Спорим с ней, конечно, но все равно общаемся — дочь есть дочь! Хотите ей сейчас позвоним, она вам свою точку зрения расскажет?»

Мои словоохотливые благодетели везли с контролируемой украинской армией территории 100 штук яиц, пять килограммов сахара, 30 бутылок минералки и еще что-то по мелочи.

Из-за блокады, установленной Киевом, цены в «самопровозглашенной» в два-три раза выше, чем на подконтрольной Украине территории, вот и приходится «челночить» хотя бы для себя. Дело это очень тяжкое, очереди около блокпоста, где нет ни туалета, ни других элементарных удобств, занимают не один час.

Кстати, вполне возможно, что моя «пересадка» в машину пенсионеров, спасла мне жизнь. Как раз в день моей поездки в Донецк один из автобусов с пассажирами подорвался на мине — устав томиться на блокпосте водитель решил поехать в объезд. Погибли четыре человека.

К чести украинских военных, к старикам они не придирались и пропустили их почти мгновенно, а вот меня мурыжили достаточно долго. Но закончилось все благополучно.

На дэнээровском посту был выставлен манекен женщины, на котором почему-то было написано «Ляшко». Олег Ляшко — радикальный украинский политик, известный своими эпатажными заявлениями. В прессе его нередко называют «украинским Жириновским». Ляшко неоднократно обвиняли в гомосексуальных связях, в том числе в совращении несовершеннолетних. Сам политик эти обвинения отрицает.

Ополченцы мне показались чуть «датыми», но вполне добродушными, хотя, вопреки ожиданиям, мой российский паспорт никаких восторгов у них не вызвал.

Вопросов ко мне во время каждой из многочисленных проверок было много, не меньше, чем на украинской стороне.

ДНР сразу после «границы» выглядела как вымершая территория. Разрушений немного, но людей не было видно совсем. Казалось, что сюда была сброшена нейтронная бомба, уничтожившая все живое, но сохранившая здания.

«Раньше бомбили по вечерам. Сейчас вроде бы тихо, но люди уже не рискуют выходить на улицу», — объясняют мне попутчики.

Зато довольно часто встречались стаи одичавших голодных собак — на фоне мрачного пейзажа эти животные производили жутковатое впечатление. Спрашиваю, нападают ли собаки на людей. Меня заверили, что пока таких случаев не было.

Когда мы около семи часов вечера доехали до Донецка, там было оживленнее. Но все равно — людей на улицах было не больше, чем в Москве в полночь.

За пятьдесят долларов я остановился гостинице в хорошо известной мне по США сети Ramada. Только в Америке эта был трехзвездочный заурядный отель, а здесь — четырёхзвездочный и очень крутой. На входе висел плакат с надписями по-русски и по-английски: «В комплексе находятся дети, вход с оружием строго запрещен».

Обстановка в отеле была в сравнении с тем, что я слышал о «ДНР», каким-то параллельным миром: вышколенные, говорящие на хорошем английском официанты, изысканная кухня, пиво по пять долларов за бокал (в «обычной» Украине — тридцать центов), дорогие секс-работницы. Контингент постояльцев: журналисты, люди в военной форме, кавказцы — тоже в военной форме (иногда с шевронами «Абхазия»), а также заросшие бородами люди в казачьих папахах.

Впрочем, когда я на следующий день пошел прогуляться по Донецку, он тоже поразил меня своей «мирностью». В центре разрушения очень незначительны (хотя висели указатели, направляющие к бомбоубежищам), в скверах резвились дети, сидели влюбленные парочки. В общем, на центр военного Грозного Донецк был явно не похож. Как рассказывали горожане, электричество и воду во время боев отключали часто в самых разных районах города, спать под грохот канонады было уж очень неуютно, но сейчас, во время перемирия, если не живешь в районе аэропорта, вероятность попасть под бомбежки невелика.

Попадалось достаточно много ресторанов и кофеен вполне приличного уровня. Обилие магазинов известных брендов, например, «Ашан», «Амстор» — другое дело, что выбор там теперь в разы меньше, чем в довоенное время, а цены во столько же раз выше. Мне удалось обнаружить даже «Макдоналдс»; впрочем, после начала боевых действий он был закрыт. Относительное изобилие товаров было на центральном рынке; правда, после Украины их стоимость показалась нереально высокой.

Кстати, удивила и чистота улиц: дворники в форменных оранжевых комбинезонах попадались повсюду. Дончане уверены, что их город самый чистый в Украине, и гордятся тем, что розы здесь сажали даже под бомбежками.

Пожалуй, единственное, что выдавало близость фронта — обилие людей в военной форме.

«СЕКУТ ТОЛЬКО СВОИХ»

Руководство «ДНР» поразило меня свой доступностью. Представьте себе для наглядности такую ситуацию: вы приезжаете как журналист работать в Россию, и тут же местные коллеги дают вам номер телефона, скажем, Вячеслава Володина. Вы звоните ему в субботу вечером, и он говорит: «Нет, сегодня уже никак не получится встретиться. Давайте завтра. Я на машине и подъеду, куда скажете. Как освобожусь, вам позвоню».

Фантастика? Разумеется. А вот со вторым лицом самопровозглашенной республики, председателем «Народного совета ДНР» Андреем Пургиным мы именно так и договорились о встрече.

В три часа дня обедаю в кафе. Поступает звонок: «Я освободился, вы где сейчас? Ах, в ресторане „Буфет“? Все, через 10 минут буду». Председатель парламента приехал один, даже без охраны, и сразу же заявил мне, что «российская цивилизация более коллективная, менее индивидуалистическая, чем западная».

— Признаются ли в этой русской цивилизации такие базовые для Запада понятия как демократия, рыночная экономика?

— А на Западе разве есть демократия? Ой, не смешите меня! И о какой свободной экономике может идти речь на Западе? В странах ЕС государство так вмешивается в экономику, что Советский Союз мог бы заплакать.

— А как вы относитесь к верховенству закона?

— Можно сказать, что на Западе следуют традициям римского права, а в нашей цивилизации — византийского. Западное право ведет к буквоедству. Именно благодаря ему стало возможно сжигание еретиков, например, и многие другие преступления. В России же действовали другими методами. Так, например, во времена покорения Сибири купцам, продававшим водку коренным народам, отрубали руку. Этот метод оказывался достаточно эффективным. Сейчас в своих станицах в «ДНР» и «ЛНР» так же эффективно борются с преступностью казаки.

— Рук они, правда, не рубят, но людей секут.

— Во-первых, секут только своих и за преступления. При этом для наказываемого казака — главное не боль, а стыд. Во-вторых, публичные порки осуществляются только в наиболее пострадавших во время боевых действий населенных пунктах. То, что неприемлемо в мирное время, может оказаться вполне правильным в военное.

— То есть в ДНР собираются активно использовать казачьи методы борьбы с преступностью?

— Что за чушь? Зачем вы передергиваете? Мы лишь не против того, чтобы они использовали эти методы в своих казачьих станицах.

«НУЖНО БЫТЬ ИДИОТОМ, ЧТОБЫ СОМНЕВАТЬСЯ В НАШЕЙ ПРАВОТЕ»

Если дончане, пожившие по обе стороны фронта, достаточно гибки в своих взглядах и способны задуматься, не слишком ли велика плата за возможность отделиться от Украины, совсем по-другому рассуждают люди, не покидавшие Донецк. Похоже, что здесь срабатывал эффект заложника или жителя осажденной крепости.

Украинских «фашистов» здесь ненавидели лютой ненавистью.

«Нужно быть идиотом, чтобы сомневаться в нашей правоте. Нет ни одного трупа ребенка или старика за территорией АТО — в Киеве или во Львове. Они приперлись нас „освобождать", убивая детей, женщин, стариков и разрушая инфраструктуру», — горячо убеждала меня в 2015 году знакомая дончанка. Знала бы эта женщина, что произойдет через семь лет!

Интересно, что многие из горожан в первые месяцы после Евромайдана поддерживали территориальную целостность Украины, но после того, как ВСУ начала бомбить «ДНР» и «ЛНР», изменили свое мнение. Более того, они стали думать, что после произошедшего жить в составе Украины просто не получится.

При этом степень нетерпимости зашкаливала. Аргумент, что если бы не было ополченцев, не было бы и бомбежек, не воспринимался.

Вот показательный пример: я уже договорился о съеме квартиры в Донецке, но хозяйка в последний момент отказала, узнав, что я представляю не только российскую, но и американскую прессу: «Русским правду пишете, а американцам объясняете, что нас и дальше убивать надо!»

Меня также удивил таксист с флагом ДНР на капоте. Вот его рассказ:

> Я родился и вырос в Грозном. В начале 90-х чеченцы стали выдавливать нас из республики. Тогда я не возражал и уехал в Донецк. Но отсюда мне уже дороги нет — это мой город. Я считаю, что сейчас в ДНР все лучше, чем было, когда мы были частью Украины. Так, например, раньше я любил своих детей, но сейчас — после бомбежек — стал любить их еще больше. Я уверен: у нас все будет хорошо!

Действительно, массированные бомбардировки «ДНР-ЛНР» в 2014–2015 годах способствовали резкому росту антиукраинских сепаратистских настроений среди жителей Донбасса. Однако активные военные действия прекратились в том же 2015-м, поэтому когда сегодня Кремль объясняет агрессию 2022 года необходимостью защитить донбассцев, это выглядит крайне неубедительно.

Впрочем, как мне показалось, далеко не все дончане в реальности были за сепаратистов, но общаться с заезжим репортером такие люди откровенно боялись. «Я не хочу говорить о политике!» — такой был типичный ответ этой группы людей.

ЗА ЛЮБУЮ КРИТИКУ — «НА ПОДВАЛ»

Понять этих людей несложно. Почти за любую критику здесь человек идет «на подвал», как говорят местные. Примечателен пример блогера и журналиста Станислава Асеева, публиковавшего под псевдонимом статьи с критикой сепаратистов на сайте «Радио Свобода» и в Facebook.

Журналист был задержан 11 мая 2017 года по обвинению в шпионаже и содержался в тюрьме «ДНР» до 29 декабря 2019 года. Он был обменян в рамках обмена между Украиной и Донецком. Как утверждает Станислав Асеев, в тюрьме к заключенным применялись зверские пытки. Например, к их гениталиям прикрепляли провода и пускали ток.

К слову, я и сам ощутил свободу слова «по-сепаратистски». Если в 2015 году мне дали аккредитации в «ДНР» без проблем, после моих публикаций оттуда пресс-служба самопровозглашенной республики отказала в аккредитации, причем даже не удосужившись объяснить причину. Ехать же как частное лицо, как мне объяснили знающие люди, было крайне опасно: вероятность ареста в этом случае приближалась к ста процентам.

Как мне кажется, таким поведением «умные» сепаратисты отталкивали от себя даже потенциальных сторонников. Один мой знакомый был направлен на работу в миссию ОБСЕ в Донецке. Как и многие жители Центральной Азии, он испытывал симпатии к России, а потому и к ополченцам заранее относился доброжелательно.

Однако после полугода работы в ДНР его взгляды поменялись резко. «Сейчас я нахожусь на „украинской стороне“ и явно вижу разницу. В Украине от нас почти ничего не скрывают, мы можем работать спокойно. В „ДНР“ же нам просто ничего не показывали», — рассказывал мне этот человек.

К счастью, в Крыму, где отдыхало много людей из «ДНР» и «ЛНР», жители непризнанных республик были более откровенны.

«Я надеялась, что мы станем частью Россию, но оказалось, что мы не нужны Путину, а жить в каком-то никем непризнанном образовании как-то не хочется. Цены у нас теперь в разы больше украинских, а зарплата меньше. Нет уж, спасибо, лучше было остаться частью Украины», — таков был типичный ответ жителей непризнанных республик.

ПРИЗРАКИ УНИЧТОЖЕННОГО ПРОШЛОГО

В 2019 году я вместе с сотрудниками гуманитарной миссии «Пролиска» проехал с украинской стороны по зоне соприкосновения с сепаратистами.

Первым пунктом нашего маршрута была Авдеевка, расположенная приблизительно в пяти километрах от донецкого аэропорта. В 2014–2015 годах город подвергался регулярным обстрелам, и многие дома были не восстановлены.

Но по сравнению с теми временами обстановка стала намного спокойнее, и сюда вернулось около восьмидесяти процентов жителей. Разрушений в городе было, действительно, много, но среди этих напоминаний о войне попадаются настоящие арт-объекты.

На посеченной снарядами и осколками стене одного из многоэтажных домов японский художник нарисовал портрет местной учительницы украинского языка. Это было своеобразное послание войскам так называемой «ДНР»: «Пожалуйста, не губите город!»

Увы, просьба не помогла. То, что не сделали сепаратисты, осуществила в 2024 году российская армия. Сегодня город разрушен до основания.

Из Авдеевки наш путь лежал в поселок Опытное, что в 500 метрах от линии соприкосновения. Грунтовая проселочная дорога туда пролегала через минное поле.

Впрочем, назвать это дорогой можно с большой долей условности — наш внедорожник буквально плыл по грязи. Причем вытаскивать машину, в случае если бы мы застряли, было бы опасно — шаг в сторону от узкой дороги и можно подорваться на мине.

К счастью, мощный автомобиль преодолел все препятствия, и мы добрались до поселка, не запачкав ног. Поселок производил жутковатое впечатление. Целых домов здесь практически не осталось. Какие-то разрушены полностью, у других нет крыши или одной из стен, иные вроде бы целы, но подходя ближе, понимаешь, что изнутри они почти полностью выгорели.

В Опытном нет электричества, газа и водоснабжения. Тем не менее в таких условиях жили, точнее, выживали, тридцать восемь человек, в основном пожилые люди.

В доме восьмидесятилетней пенсионерки бабы Мани в печке горели топливные брикеты — помощь от международных благотворительных организаций. В общем-то, не холодно, но поврежденная печь немного дымит, и с непривычки в помещении находиться нелегко.

В 2015 году у бабы Мани погиб сын: чинил крышу у соседа, а тут прилетел шальной снаряд. Вывезти покойника из непрерывно обстреливаемого поселка было нереально, и мужчину похоронили в собственном дворе. Лишь спустя два года его останки перевезли на авдеевское кладбище.

Не удалось выжить и бабе Мане. Спустя девять месяцев после моего посещения она сгорела заживо на пожаре: перевернулась керосиновая лампа, а пожарная машина не смогла проехать в Опытное.

После 24 февраля 2022 года Опытное переходило несколько раз от украинской армии к российской и обратно. В результате сейчас поселок представляет собой выжженные руины.

Следующим пунктом нашего путешествия было село (к сожалению, я забыл его название) в окрестностях Мариуполя. На двери местного сельсовета висел красочный плакат:

Называй правильно: Военнослужащий одной страны на территории другой — ОККУПАНТ; митингующий под флагом другого государства и призывающий к отделению — СЕПАРАТИСТ; присоединение территории без согласия государства, которому она принадлежит — АННЕКСИЯ...

Председатель местного сельсовета Иван Иваныч, неунывающий крепкий мужичок лет шестидесяти, угощает нас чаем с тортиком: «Вы знаете, когда этот бардак начался, все умные люди — председатели соседних сельсоветов — слиняли».

Заверяем его, что он большой молодец, что не бросил село. «Да... (длинная пауза) Один дурак остался, — отвечает он. — А вообще у нас тут весело было: то с украинским флагом БТР проедет, то с дэнээровским. Сегодня одна власть, завтра другая... Любил я очень фильм „Свадьба в Малиновке“, а вот жить в ней оказалось как-то не очень».

Председателю, действительно, трудно позавидовать: его дом находится непосредственно на линии соприкосновения, и в случае чего артиллерия «ДНР» за секунду сровняет его с землей.

К тому же, подразделения украинской армии квартируют в селе по полгода, и после каждой ротации на председателя сельсовета заводят уголовное дело по статье «сепаратизм». Так, на всякий случай. А потом закрывают.

Но мужичок не унывает: «Ничего, прорвемся. Знаете, в молодости я шибко девок любил, да и вообще покуролесил... Видно, теперь за прежние грехи и расплачиваюсь!»

Эх, Иван Иваныч, надеюсь, вы по-прежнему живы и такой же балагур!

До бойни 2022 года большинство россиян знали Мариуполь по культовому фильму 1980-х «Маленькая Вера», который стал первым отечественным фильмом, где показали половой акт.

В городе я провел всего одну ночь, но мне показалось, что я почти сразу его понял. Знакомый из международной миссии предложил посидеть в ресторане — «лучшем в городе». Музыка (советская попса тех же восьмидесятых) играла в кабаке настолько громко, что говорить было просто невозможно. Очень запомнились отдыхавшие в ресторане женщины: все крепко сбитые, в коротких юбках, вульгарно накрашенные, с сочной и разнообразной нецензурной лексикой. Они при этом ни на кого не ругались, просто громко беседовали, стараясь перекричать музыку. Как правило, им это удавалось.

На обратном пути разговорился с таксистом: «Сразу же после Майдана больше половины у нас в городе было за „ДНР“, а сейчас уже наоборот. Ну, простой у нас народ, очень внушаемый».

Внушаемость мариупольцев сработала и после того, как в 2022-м город фактически был снесен с лица земли российской армией. По крайней мере, это можно сказать о тех жителях, которые остались в городе после трагедии.

В подавляющем большинстве это пожилые, не слишком образованные люди. Как утверждает побывавший в Мариуполе в 2023 году известный блоггер Александр Штефанов, большинство оставшихся в городе людей сегодня поддерживают российских оккупантов. Лояльности этих людей способствует и то, что Кремль действует тут также, как и в разрушенном до основания Грозном: вкладывает просто огромные деньги в разрушенную инфраструктуру города.

ПОСЛЕ 24.02.2022

К сожалению, я не был в так называемых «ДНР-ЛНР» после открытой российской агрессии. Но я очень много общался с жителями этих регионов в «чат-рулетке»; кроме того, у меня там много личных знакомых.

Увы, подавляющая часть людей, с которыми я беседовал, поддерживают действия Кремля. На первый взгляд это выглядит довольно странно. В 2021 году в ДНР погибли семь мирных жителей, в ЛНР погиб один. Итого восемь. Это меньше, чем количество жертв в ДТП. Причем все эти люди жили на линии соприкосновения, и можно было просто их оттуда вывезти. В 2022 году после начала российской агрессии только в «ДНР», по оценкам, скорее всего даже заниженным, омбудсмена этой непризнанной республики, погиб 1091 мирный житель, то есть в 155 раз больше, чем в 2021-м! Так стоило ли начинать войну?

На прокремлевские настроения повлияло присоединение к России. Но дело не только в этом.

Говорит пожелавший остаться неизвестным житель Донецка:

> Люди не хотят понять, что массированные бомбардировки Киевом после 24 февраля — лишь ответная мера. Они как-то забыли, что в 2021 году жизнь в регионе была фактически мирной. Здесь срабатывает классический симптом заложника. На настроения людей также повлияло присоединение к России. Сегодня зарплаты и пенсии (учитывая высокий процент пенсионеров, это особенно важно) у нас выше, чем в Украине.

ЛЮДИ ВОЙНЫ

После начала «малой» войны в Донбассе в 2014 году, сюда потянулись очень странные люди. Среди них были идейные борцы, откровенные уголовники, романтики, искатели приключений. Но у всех них было нечто общее: они не сумели найти себя в устоявшейся мирной жизни, им милее и интересней была война.

В 2015 году в Донецке я познакомился с уроженцем Свердловской области Алексеем, воевавшим на стороне ополченцев. Это была уже четвертая его война. До этого он воевал в Абхазии, Боснии-Герцеговине и в Чечне.

В начале перестройки двадцатилетнего Алексея посадили за драку. Выйдя через три года на свободу, бывший заключенный не смог найти места в изменившемся мире. Прежние друзья подались либо в коммерцию, либо в рэкет —

по-другому в новой жизни прокормить семью практически невозможно.

Оба варианта были противны Алексею — в тюрьме он приобрел устойчивое отвращение к уголовникам, а дух торгашества был чужд ему с детства. Алексей нашел себя в «горячих точках».

Если привыкнешь к войне, а она не такая уж тяжелая, можно жить легко. Мне нравится, что у меня в руке автомат, в России же за это дают срок сразу. Здесь много людей, которые уже не могут жить без войны, она для нас — образ жизни.

Или вот, например, рассказ (разговор происходил в 2015 году тоже в Донецке), с уроженцем Барнаула, членом лимоновской Национал-большевистской партии, командиром вооруженного подразделения «Харьковская республика» Дмитрием Колесниковым:

В Национал-большевистской партии я с подросткового возраста. Участвовал в знаменитом походе Эдуарда Лимонова на Казахстан. На этой войне с самого ее начала. Помогал освобождать Крым, воевал в Славянске, потом в Луганской области. Сейчас нам удалось создать, наконец, первое чисто «лимоновское» воинское подразделение в Донбассе.

Его название неслучайно, так как наша цель — освобождение Харьковской области. Эдуард Лимонов хотел построить другую альтернативную Россию на землях Северного Казахстана. Увы, там не получилось, зато получится здесь — на землях Восточной Украины!

Очень типичным представителем таких людей являлся знаменитый полковник ДНР Арсений Павлов («Моторола»). В мирной жизни ему удалось добиться не слишком многого: работал охранником, автомойщиком.

Настоящее призвание этого человека была война: Арсен дважды по контракту отправлялся на полгода воевать в Чечню. Но видно служба в российской армии требовала дисциплины, и это не нравилось анархичному бывшему автомойщику, и он предпочел более вольную жизнь добровольца.

Например, Моторола пытался уехать на войну в Южную Осетию, когда его беременная жена лежала на сохранении, но не смог найти денег на билет (!). Увы, война скоро кончилась, и крайне раздосадованный Арсен стал ждать новой «вспышки».

Она случилась в Украине и оказалась войной Моторолы: на ней он нашел себя и приобрел славу. Правда, в конечном счете, эта удача стоила ему жизни — Арсена Павлова взорвали в лифте его дома.

Кстати, довольно четко характеризует, что за человек был Моторола, воспоминания о нем откровенно симпатизирующего этому боевику журналиста, «военкора» Семена Пегова.

В своей книжке «Я и рыжий сепар» Пегов приводит «забавный» пример, как Моторола, чтобы проучить своих спящих бойцов, выстрелил по крыше «казармы». В реальности казарма наверняка располагалась или в бывшей школе, или больнице. Но для Моторолы, как, впрочем, и Пегова, разрушать здания ради прикола было нормально.

Вспоминаю также свой разговор с одной крупной сепаратистской чиновницей в Донецке:

— Как-то я ехала по нашему городу с Александром Бородаем (один из московских кураторов сепаратистов, одно время был премьер-министром «ДНР» — *Авт.*). Докурив сигарету, Александр бросил окурок на тротуар. В этот момент я почему-то четко поняла, что большинству российских добровольцев в реальности плевать на Донбасс. Кто-то из них приехал сюда, чтобы самоутвердиться, кто-то — чтобы делать карьеру.

После 24 февраля 2022 года состав воюющих изменился. Здесь стало много людей, приехавших на войну, чтобы заработать или попросту получить амнистию от тюремного срока. Но и сегодня среди солдат РФ в Украине немало романтиков войны.

Кстати, на просторах интернета я случайно нашел стихотворение Александра О'Шеннона. озаглавленное «Гимн добровольца». Как мне кажется, оно хорошо демонстрирует внутренний мир людей, борющихся за «русскую идею» (цитирую первое четверостишье):

Маша, скоро начнется война, но ты не печалуйся, нет.
У нас еще время есть выпить вина
                                и время поджечь абсент.
Душа моя ленью и скукой полна.
                                        В ней пышно расцвел похуизм.
Маша, мне архинужна война,
                                чтоб вновь полюбить эту жизнь.

Интересно, что среди таких «романтиков» есть и иностранцы.

В 2014-м на боевых позициях в районе донецкого аэропорта появился необычный ополченец — крупный, не первой молодости мужчина в неизменной ковбойской шляпе, которую он не снимал даже в помещениях. Нового бойца звали Рассел Бентли, и воевать за свободу Донбасса он приехал из далекого Техаса.

Жизнь этого пятидесятичетырехлетнего американца была достаточно бурной. Он успел послужить в армии США, потрудиться в качестве рок-музыканта и лесоруба, поразмышлять в монастыре о суетности жизни и даже посидеть пять лет в тюрьме за торговлю наркотиками. Но чем бы ни занимался Рассел, он, по собственным словам, всегда оставался «поэтом в душе».

В Донецке мистеру Бентли очень нравилось. Он в восторге от того, что тут можно снять роскошную квартиру всего за сто долларов, считал, что качество жизни здесь выше, чем в США, и советовал Дональду Трампу учиться управлять страной у Александра Захарченко.

В США американский доброволец, получивший в армии «ДНР» позывной «Техас», возвращаться не собирался. Он женился на преподавательнице английского языка, обучавшей его русскому.

«Чтобы ни произошло, это лучшее место для меня. Это мой дом», — написал недавно новоиспеченный донбассец на своей странице в Facebook.

Эйфория Рассела Бентли была в общем-то объяснима.

У себя на родине, где новый дончанин не имел постоянного дохода, он вряд ли мог себя чувствовать столь же уважаемым человеком. Здесь техасец наконец-то почувствовал свою значимость и нужность. Он даже любил сравнивать себя с «Хорошим» из знаменитого вестерна «Плохой, хороший, злой».

По убеждениям, Рассел коммунист — неслучайно на его шляпе приколота красная звезда. С самого начала Майдана он ни секунды не сомневался, что это лишь «преступные козни американского фашистского правительства», а тогдашние украинские оппозиционеры — его «марионетки».

В общем, техасец приехал в Донбасс именно для того, чтобы «бороться с фашизмом». «Если нам не удастся отстоять Донбасс, „коричневая чума" распространится по всему миру», — убежден Рассел.

Увы, «отстоять Донбасс» Рассел не успел. Он погиб в апреле 2024 года. Предположительно, его убили пьяные российские военные, заподозрившие его в шпионаже в пользу США.

КРЫМСКИЕ ИСТОРИИ

СОМНИТЕЛЬНЫЙ ПОДАРОК

В 1954-м, в год 300-летней годовщины объединения Украины с Россией, советское правительство сделало царский подарок: «в знак дружбы с русским народом» Крым был передан Украине.

Однако, по мнению канадского историка украинского происхождения Ореста Субтельного, крымский «подарок» вовсе не был актом альтруизма и доброй воли. Вот что пишет ученый:

Во-первых, поскольку полуостров являлся исторической родиной крымских татар, выселенных отсюда во время Второй Мировой войны, русские не имели морального права дарить его, а украинцы — принимать.

Во-вторых, Крым и без этого более тяготел не к России, а к Украине — благодаря территориальной близости и экономической зависимости от нее.

Наконец, присоединение Крыма обременило Украину целым рядом экономических и политических проблем. Депортация в 1944 г. татар посеяла экономический хаос на полуострове, потери от которого пришлось возмещать за счет бюджета правительства в Киеве.

Еще более важным был тот факт, что согласно переписи 1959 г. в Крыму жило более 860 тыс. русских и только 260 тыс. украинцев. Несмотря на усилия Киева после 1954 г. увеличить количество украинцев в регионе, решающее большинство здесь все же составляли русские, исключительно твердо противостоявшие любым формам украинизации.

В результате крымский «подарок» серьезно увеличил численность русских в УССР. В этом отношении его действительно можно считать событием, уместным при праздновании годовщины Переяславского договора.

Точку зрения Ореста Субтельного подтвердили и недавние события. Большинство жителей полуострова поддержали российскую аннексию полуострова. Проблематично будет и возвращение полуострова в «украинскую гавань», так как оно будет встречено в штыки очень многими местными жителями. Украина рискует получить пятую колонну.

«ОТ БИТВЫ НА ЧУДОВОМ ОЗЕРЕ ДО КРЫМСКОЙ ВЕСНЫ»

В Крыму я побывал за год до трагических событий, начавшихся 24 февраля 2022 года.

Столица Крыма Симферополь была прекрасна своей неприкрытой провинциальностью: на балконах обшарпанных домов пятидесятых годов прошлого века местные жители вывешивали белье и российские флаги, в городе было очень зелено, а на многочисленных бульварах прогуливались мамаши с детьми.

Жизнь столицы была размерена и нетороплива. О событиях недавних лет напоминал памятник «вежливым людям» у здания Крымского парламента, а также монумент «доблестным сынам отечества», защищавшим Россию от битвы на Чудовом озере до «Крымской весны».

В центре города восстановлен собора Александра Невского, взорванный в 1930-м. Погуляв по городу, я отправился в Алушту.

СОВЕТСКИЙ СОЮЗ БЕЗ ОЧЕРЕДЕЙ

Первое впечатление от города было такое, что я перенесся в Советский Союз. Большинство домов отдыха было построено еще в советское время и очень мало изменилось с тех пор. На очень примитивных, грязноватых пляжах люди лежали буквально через каждый метр, играла громкая музыка.

Впрочем, на этом сходство с СССР заканчивалось. В небольших частных гостиницах-особняках можно было снять вполне приличный номер за 2500–3000 рублей, а в многочисленных местных ресторанах вполне вкусно поесть тысячи за полторы.

Кстати, не меньше половины ресторанов содержат крымские татары. Причем, как это цинично ни звучит, в депортации оказались и свои плюсы — в центральноазиатской ссылке крымские татары полюбили местную кухню, и сегодня почти все крымскотатарские кафе в Крыму специализируются не только на своей, но и узбекской пище.

«Для вас готовят настоящий узбекский плов лучшие повара в Бухаре», — написано было на одном из кафе. Я поверил, но плов оказался так себе.

«ТЕПЕРЬ МЫ БОГАТЫЕ ЛЮДИ!»

Несмотря на то, что туристический бизнес относительно стабилизировался, большинство крымчан из-за падения курса рубля живет материально хуже, чем до «русской весны». Пожалуй, единственное исключение — строители. Благодаря вложениям России в инфраструктуру эта категория населения стала жить существенно лучше.

В наихудшем положении оказались российские военные моряки. «При Украине» они, как дислоцированные за границей, получали двойной оклад. Этого хватало, чтобы нормой в семье офицера Черноморского флота в Севастополе были две машины. Теперь же эти заработки в прошлом.

Когда Крым присоединили к России, зарплаты местных жителей перевели в рубли по льготному курсу. Получилось ну просто очень много. Например, учителям и врачам весной 2014 года стали платить по 30–40 тысяч рублей в месяц.

По-тогдашнему, досанкционному, курсу это было примерно 1000–1300 долларов. А пенсии стали платить по 9–12 тысяч рублей в месяц. Тогда это было примерно 280–350 долларов.

Пенсионерки стали впервые позволять себе кофе с чизкейком в кафе на набережной (тем более что приличный капучино тогда стоил 60 рублей). Увы, прошло полгода, и рубль рухнул настолько, что покупательская способность зарплаты стала даже меньше, чем при Украине, — рассказывает мне студент Сергей из Симферополя.

ПО ЧЕЧЕНСКОМУ СЦЕНАРИЮ

После аннексии Кремль начал делать мощные инвестиции в инфраструктуру полуострова. По сути, эта уже устоявшаяся тактика Кремля — вначале разрушить регион (Чечня, Мариуполь) или просто захватить (Крым), а потом завалить его деньгами за счет денег российских налогоплательщиков.

Как заявил в 2022 году заместитель министра экономического развития РФ Сергей Назаров, «за восемь лет в Крым и Севастополь было вложено более 1,37 трлн. рублей, что является рекордным объемом капиталовложений за всю историю полуострова». А как утверждал в 2022-м тогдашний вице-премьер России Дмитрий Козак, «объем инвестиций в основной капитал вырос с 2013 года более чем в восемь раз».

Конечно же к данным российских чиновников нужно относиться с некоторой осторожностью, но действительно, результаты вложений можно увидеть собственными глазами. Построена федеральная трасса «Таврида», идущая от Керчи до Севастополя, начала работать новая железная дорога. Возведен Крымский мост, новый терминал симферопольского аэропорта, газопровод с «материка», линия электропередач.

Благодаря строительству двух газовых тепловых электростанций Крым стал использовать свою электроэнергию, а раньше он был почти полностью энергозависимым от Украины.

Строятся новые школы, детсады, приморские набережные. В крупных городах старые разбитые автобусы и маршрутки заменили новым автотранспортом.

В Крыму пытаются создать реальные национальные парки с нетронутой природой. Например, под Севастополем сделали многокилометровую маркированную тропу для туристов с указателями.

Однако, вроде бы вкладывая деньги в защиту экологии, тот же Кремль и разрушает природные объекты. Трасса «Таврида» часто проходит по прежде нетронутым природным местам, с нарушением экологических норм нередко происходит и массовая жилая застройка. Показателен пример строительства арт-парка «Таврида» на полуострове Меганом. Ранее полуостров представлял собой уникальную экологическую систему с растениями-эндемиками и редчайшими птицами, занесенными в «Красную книгу». После строительство арт-парка многие уникальные растения исчезли, сократилось и количество птиц.

Кстати, на восстановление Чечни с 2001 по 2014 годы, по данным РБК, было затрачено 464 миллиарда рублей, то есть меньше, чем было вложено в Крым. Но, свидетельствую, как очевидец, в Чечне результаты вложений выглядели гораздо более впечатляющими. «Злые» крымчане склоны объяснять этот феномен тем, что в Чечне меньше воруют.

— Какой бы ни был Рамзан Кадыров, Чечня — его родина, на полуострове же «благоустройством» занимаются временщики, которые думают только о своем кармане! — так сказал один из жителей полуострова.

Впрочем, даже если все инвестиции тратились бы по назначению, крымчане вряд ли были бы довольны. В любом случае эти вливания почти не влияют на доходы людей, а последнее для обывателя, конечно, самое важное.

ОСОБЕННОСТИ НАЦИОНАЛЬНОЙ КОРРУПЦИИ

Другим плюсом новой власти стала менее откровенная коррупция, но на самом деле эта «законность» нравится не всем.

Рассказывает владелец отеля Дмитрий из Алушты.

Да, действительно, при новой власти взятки берут не настолько в открытую, как при Украине. Но в реальности от этого стало только хуже. Раньше я четко знал, кому платить и сколько. Сейчас все равно приходится платить, но с риском. Например, чтобы переоформить мой отель по российским законам, мне пришлось дать взятку в 5000 долларов.

Чтобы объяснить разницу между украинской и российской коррупцией, приведу еще один забавный случай, произошедший со мной еще до присоединения Крыма. Как-то я поехал с собакой в Россию. На украинской таможне выяснилось, что я забыл оформить на животное одну справку. Меня отвели в сторону, я заплатил взятку и через пять минут уже был на российской стороне.

Здесь меня встретили совсем по-другому: «Да у вас справки нет! Мы вас не пустим!». В итоге я провел на российской таможне часов пять. Мне вымотали все нервы, а потом все-таки «сжалились» и взяли взятку; в три раза большую чем украинцы.

ГДЕ ЖЕ СПРАВЕДЛИВОСТЬ?

Однако больше всего обижает и удивляет крымчан, что оказывается и при «родной» российской власти может царить несправедливость, обидное равнодушие к нуждам людей.

— Энтузиазм людей в 2014 году был просто потрясающий. Чтобы отделиться от Украины, люди были готовы рыть траншеи. На референдум многие, без всякого преувеличения, шли со слезами на глазах. И что же в итоге? Оказывается, на смену бандитско-воровскому пришло ментовско-чиновничье государство! — говорит мне главный редактор газеты «Ялта», местный краевед Сергей Сардыко.

Сергей в Ялте личность очень примечательная. Этого человека, занимающегося не только политической журналистикой, но и охраной памятников, знает весь город. Одним из главных своих достижений краевед считает установку на ялтинской набережной еще при украинской власти стелы в честь царских домочадцев, увезенных отсюда английским кораблем в 1919 году.

«Для того, чтобы установить эту стелу, мне пришлось преодолеть просто бешеное сопротивление украинских чиновников. И что же?! Сегодня эти же люди учат меня любить

Россию! Ротации чиновников после смены власти попросту не было.

А вот критиковать этих чиновников очень опасно. Как-то на набережной Ялты я встретил заместителя главы Ялты Станислава Шапортова. Я сказал ему о несанкционированной торговле на городской набережной. Мы мирно разошлись, а через несколько дней меня арестовали на трое суток. Один из друзей заместителя главы написал на меня жалобу в полицию, что я якобы ругался матом. Это была ложь, мне просто так отомстили», — говорит краевед.

Убежденный поклонник Советского Союза, Сергей — типичный представитель крымской оппозиции. Его взгляды представляют собой причудливую смесь левой и имперской идеологии.

— Большинство крымчан голосовали не столько за Россию, сколько за «Советский Союз», ностальгия «по старым справедливым советским временам» на полуострове очень сильная, — убеждает меня бывший главный редактор севастопольского интернет-издания «Примечания» Виктор Ядуха.

Чтобы убедиться в верности этих слов, достаточно просто проехать по крымским городам. Местные предприниматели просто обожают использовать в рекламе советскую символику, а многие автомобилисты наклеивают на свои машину эмблемы с серпом и молотом.

— После присоединения Крыма к России начался активный передел собственности под предлогом того, что документы при украинской власти были оформлены неверно. У людей отбирают бизнес, жилье. Например, в Севастополе отобрали 4000 дачных участков, — рассказывает мне севастопольский журналист Екатерина Резникова.

Иногда люди пытаются защитить свою собственность достаточно оригинальными методами. К примеру, на одном севастопольском частном доме нарисован многометровый портрет Путина с подписью: «Наш президент». Я было решил, что это проявление верноподданничества, но когда присмотрелся, увидел под портретом плакат с цитатой

Медведева: «После присоединения к России ни один житель Крыма не должен ничего потерять», а также с цитатой решение суда о сносе дома.

Очевидно, что владелец ставшего при новой власти «незаконным» дома надеется, что местные чиновники испугаются крушить портрет российского лидера.

Впрочем, справедливости ради, отметим, что такие случаи «отжатия» собственности все же не массовые, и, как правило, происходят, когда недвижимость была приобретена с нарушением закона.

Например, вернувшиеся на полуостров крымские татары нередко занимались самозахватом земель. В условиях украинского безвластия это им сходило с рук, а вот при России такую захваченную землю иногда отбирают.

ХРЕН РЕДЬКИ НЕ СЛАЩЕ

В Крыму я поговорил более чем с сотней людей из разных сфер: рабочими, официантами, таксистами, врачами, журналистами. Почти все они были разочарованы новой властью, «ожидали большего», но, за исключением единиц, все эти люди не хотели и вернуться в украинскую «гавань».

— Да, оказалось, что хрен редьки не слаще, но что же делать? Пусть плохая власть, но все же своя, русская, — таков типичный ответ обычного крымчанина.

Однако если обыватель склонен «проглотить» то, что новая власть не оправдала его ожиданий, совсем по-другому смотрят на проблему идеалисты-интеллектуалы.

Очень показателен пример упомянутого журналиста Виктора Ядухи. Этот человек был убежденным сторонником «русского мира», имперцем и государственником. Он поддерживал теорию, что русские как народ могут сохраниться только если будут расширять свою территорию.

После «русской весны» работавший в Москве Виктор вернулся в родной Севастополь и возглавил местное интернет-издание «Примечания». Спустя пару лет он склоняется к тому, что «крымская весна» свелась к бесконечному переделу собственности в пользу власть имущих.

— Патриотические лозунги о величии России и восстановлении геополитической справедливости оказались отличным прикрытием для местных и приезжих жуликов, рвущих Крым на куски, — говорит Виктор.

— А как же теория о расширении ареала расселения русских? Что она больше не действует? — мой вопрос.

— Может, и действует, но пока это расширение принесло дивиденды лишь верхушке и не изменило к лучшему жизнь обычных людей.

Крымчане не стали богаче, а единственная свобода, которую они обрели — свобода от украинизации и антирусских интерпретаций истории. При этом в их жизни с каждым годом становится все больше запретов и муштры, многие боятся высказывать свое мнение. В остальном здесь так же, как и при Украине, господствует право сильного.

Увы, пример Виктора далеко не единственный и даже не самый экстремальный. В 2012-м двадцатишестилетний уроженец Донецка журналист Евгений Гайворонский переехал в Ялту. «Русскую весну» молодой человек встретил с восторгом и по мере сил помогал активистам «русского мира».

Разочарование началось с того, что на местных выборах власти «прокатили» активиста «русского мира», в штабе которого работал Евгений, а на его место был поставлен (формально «избран») проверенный чиновник.

В общем, в очень в скором времени Евгений разочаровался в новом руководстве Крыма и стал не стесняясь в выражениях обличать новые власти в социальных сетях.

Закончилась деятельность журналиста печально. В его квартиру ворвались дюжина человек в военной форме, масках, с автоматами Калашникова. Они представились сотрудниками Центра по противодействию экстремизму МВД Крыма. Как заявил Евгений, силовики, порвали основную ламинированную страницу его российского паспорта и отобрали у него паспорт гражданина Украины.

«Мне дали понять, что если я перестану критиковать в сети главу Республики Крым Сергея Аксенова и бывшего мэра Ялты Андрея Ростенко, моя судьба может измениться к лучшему», — утверждает журналист.

В конечном итоге Жене удалось вернуться в Украину, но теперь он уже не Евгений Гайворонский, а Евген Гайворонский.

Евген носит жовто-блакитный шарф, пытается говорить и писать по-украински и ненавидит не только «путинский режим», но и «рашистов» в целом. По его мнению, Россия — «страна зла», несущая горе всему миру.

Если охарактеризовать изменения в Крыму одним-двумя предложениями, можно сказать следующее.

При Украине здесь было почти «дикое поле», и власти тут фактически не ощущалось. Россия же напротив ведет себя достаточно активно, Кремль хочет улучшить ситуацию на полуострове, но делает это порой очень неуклюже: «хотели как лучше, а получилось как всегда».

САКРАЛЬНЫЙ СИМВОЛ

Для того чтобы обосновать присоединение Крыма к России, Кремлю было просто необходимо найти на полуострове место, демонстрирующее историческую связь региона с Россией.

И оно было найдено. Им стали развалины древнего античного города Херсонес, где крестился киевский князь Владимир.

В честь этого события на месте предполагаемого крещения в XIX веке был сооружен собор. В 2014 году Владимир Путин в своём ежегодном послании Федеральному собранию заявил, что для России Корсунь (Херсонес) «имеет огромное цивилизационное и сакральное значение, как Храмовая гора в Иерусалиме для тех, кто исповедует ислам или иудаизм».

Руины Херсонеса изображены на российской двухсотрублевке, выпущенной в 2017 году.

Тренду властей последовали и скандально известные публицисты Анатолий Фоменко и Глеб Носовский, выпустившие книгу «Христос родился в Крыму». Это «исследование» перещеголяло даже работы украинских псевдоисториков, доказывающих, что в древней Греции говорили в том числе и по-украински.

Если при Украине развалины Херсонеса почти не охранялись, и его пляж был одним из любимых у севастопольцев, сейчас объект охраняется Росгвардией. Около древнего города запрещено купаться, а также подплывать к нему на катере.

НЕ ХЕРСОНЕСОМ ЕДИНЫМ

Впрочем, Херсонес не единственное место в Крыму, где «поднимают» патриотизм россиян. За участие в событиях «русской весны» байкеры небезызвестного «Хирурга» получили в десятилетнюю аренду со скидкой 99,9% 267 гектаров у горы Гасфорта. Договор аренды между правительством и байк-клубом признан Генпрокуратурой противоречащим законам России, но исправлять ситуацию никто не спешит.

Мотоциклисты-патриоты устроили здесь экспозицию разных символов советской эпохи (от автомобилей до копии знаменитой мухинской статуи «Рабочий и колхозница»).

Не был забыт и материальный аспект. На территории байкеров оказалось симпатичное озеро, где испокон веков бесплатно разбивали палатки туристы. Теперь же мотоциклисты вели тарифы за кемпинг и пользование озером.

Правда, просто за прогулку байкеры денег не берут, но предполагается, что на выходе ты бросишь в коробку немного денег в качестве пожертвования на благородное дело байкеровского «русского мира».

Я было попытался «отбиться» и сказал, что я журналист и лучше напишу статью. Увы, русские мотоциклисты оказались бюрократами и потребовали согласования репортажа с их начальством!

ПОНАЕХАЛИ

Позиции России в Крыму укрепляет и массовое переселение на полуостров людей из России — в основном из Сибири и северных районов. Статистика количества переселившихся разнится. В 2021 году подконтрольный России Крымстат опубликовал данные о миграции населения с 2014 по 2020 годы. По тем данным, за шесть лет население Крыма за счет миграции из российских регионов выросло на 200 тысяч человек, однако по данным аналитика Украинской Хельсинкской группы Владимира Мирошниченко, это информация недостоверная, так как в РФ учитывают только тех, кто официально зарегистрировался на полуострове и не считают тех, кто живет в Крыму с регистрацией в России.

Украинские и международные эксперты расходятся в количестве приехавших жить в Крым россиян после 2014 года, но большинство сходится на том, что это около одного миллиона человек.

«Есть много непрямых показателей, которые свидетельствуют о колоссальном увеличении населения в Крыму. Это, например, количество построенного после 2014 года жилья, количество школ, больниц, сколько детей пошло в детские сады.

По оценкам органов государственной власти около 800 тысяч россиян заехало в Крым после 2014 года. Мы не можем точно сказать, сколько их, но это сотни тысяч людей», — говорит Владислав Мирошниченко.

При этом, по данным Украинской Хельсинкской группы, сто тысяч украинцев покинуло Крым.

Как утверждает Владислав Мирошниченко, изменение демографии Крыма — целенаправленная политика Кремля. Эксперт пишет:

Более того, такие же механизмы использовали и Российская империя, и Советский Союз и другие империи в мире, когда они пытались территорию покорить и заселить ее лояльным населением. В первую очередь они раздают землю своим военным, поскольку они наиболее лояльны, и империя может рассчитывать на них.

Заселяя аннексированный Крым своими гражданами, Россия в то же время различными способами вытесняет с полуострова нелояльных жителей, в первую очередь крымских татар.

В случае возращения Крыма в Украину «понаехавшие» станут огромной проблемой для Киева. Что делать с этой огромной массой людей? Их депортация будет грубейшим нарушениям международных правил, но и позволить жить на полуострове этим людям довольно опасно: почти все они лояльны Кремлю и вряд ли согласятся жить под украинским флагом.

ПОСЛЕ 24 ФЕВРАЛЯ 2022

После начала российской военной агрессии Крым стал для российской армии основным плацдармом для наступления на юг Украины во время полномасштабного вторжения. На полуострове размещены боеприпасы, боевая техника и личный состав.

Регион стал и тыловой базой для военных. Больницы и санатории полуострова используются для лечения и реабилитации раненных военных. Кроме того, в регион едет большое количество беженцев из так называемых «ДНР» и «ЛНР».

Огромное количество военных на полуострове привело к резкому взлету преступности — среди участников боевых действий немало бывших заключенных, вступивших в ряды ЧВК «Вагнер» и амнистированных после завершения контракта. Многих из них задерживают за совершенные преступления на оккупированных территориях.

Ухудшение криминогенной обстановки фиксирует даже официальная российская статистика. За одиннадцать месяцев 2022 года число преступлений с использованием оружия, боеприпасов и взрывчатки выросло на 30,4 процента.

Нервозность населения вызывают и атаки Украины на российских военных и стратегических объекты в Крыму. Наиболее крупные акции — подрыв Крымского моста, ракетные удары по Севастопольскому морскому заводу, по пляжу в Севастополе.

Однако, по крайней мере пока, несмотря на эти акции в крымских городах идёт такая же мирная жизнь, как в Москве. По-прежнему в Крым едут и туристы из России.

Как сообщил глава оккупационной администрации Крыма, за восемь месяцев 2024 года турпоток в Крым составил более 4,5 миллионов человек — на одну пятую выше, чем в 2023-м. По официальным данным, около 80 процентов прибыли на полуостров на своих машинах, остальные — по железной дороге.

Можно, конечно, заподозрить российских чиновников в завышении цифр, но приток туристов признают и далекие от власти люди.

— В прошлом году заполняемость отелей была пятьдесят процентов, а сейчас — семьдесят пять, — сказала мне председатель ассоциации малых отелей Крыма Наталья Стамбульникова

— Это много или мало? — уточнил я.

— Пятьдесят процентов — можно выживать, а семьдесят пять процентов — начать делать накопления.

— Но ведь Крым бомбят? Как только туристы к вам ехать не боятся?

— Кто это нас бомбит? Это единичные акции, в целом у нас такая же мирная жизнь, как в Москве.

— Но люди же смотрят новости, и у них создается впечатление, что у вас опасно.

— Ну, на привлекательность Крыма влияет и стоимость отдыха. В этом году резко подскочили цены в любимой россиянам Турции. Плюс черноморские курорты Краснодарского края сейчас переполнены, и там гораздо дороже, чем у нас. К тому же нельзя забывать, что теперь возможность россиян ездить по миру резко снизилась. Все это, конечно, работает в пользу отдыха в Крыму. Конечно, кто-то, может, и испугается ехать к нам, но нам вполне хватает туристов, которые не следуют стереотипам и понимают, что отдых у нас безопасный и к тому же недорогой.

Примечателен ответ на вопрос о бомбардировках полуострова моего приятеля, отдыхавшего в Крыму: «Я не смотрю телевизор и политические сайты в интернете, поэтому, к сожалению, ничего об этом не знаю. Просто купаюсь, рыбачу, но ты обязательно держи меня в курсе событий!»

Главный редактор газеты «Ялта» Сергей Сардыко, также утверждает, что жизнь в Крыму мирная, а туристов много.

— Поддерживают ли крымчане войну в Украине?

— Это все равно, что спрашивать какая средняя температура по больнице. Кто-то, кто потерял сына на этой войне, может, и не поддерживает. Вообще у нас сейчас можно обсуждать этот вопрос только с близкими друзьями или родственниками. Но в целом, конечно, поддерживают. Посмотрите результаты президентских выборов! В нашем регионе традиционно сильны имперские настроения, мы не какая-нибудь там либеральная Москва!

После 24 февраля 2022 года пророссийские настроения на полуострове лишь усилились. Хотя Украина и атаковала Крым в целях самозащиты, обыватель не вникает в такие тонкости, и его неприязнь к Киеву растет. Так, например, тот же Сардыка, считает, что очень многие на полуострове убеждены, что если Крым вернется в Украину, «бандеровцы начнут резать русских».

Подобным страхам способствуют и заявления высокопоставленных украинских чиновников.

Советник офиса президента Украины Михаил Подоляк в апреле 2023 года, в интервью Радио Свобода, говоря о времени, когда Украина вернет себе Крым, заявил следующее:

> Мы должны там полностью закрыть все, что касается русского культурного пространства. Должны искоренить все российское. Там должно быть только украинское культурное пространство или глобальное культурное пространство. Мы не должны вести диалог о том, имеет ли право человек использовать русский язык или нет. Дома, пожалуйста, используй, но это не инструмент давления, это не инструмент протеста, это не инструмент шантажа.

КРЫМСКИЕ ХУНВЕЙБИНЫ

Возможно, именно, этот страх перед возвращением полуострова Украине обуславливает то, что доносительство на «сторонников Украины» здесь развито гораздо сильнее, чем на территории России.

Бывший пограничник и активист «Крымской весны» Александр Талипов создал организацию «Крымский СМЕРШ». Ее активисты мониторят социальные сети, выявляя сторонников Украины. Криминалом они признают даже украинский флаг в посте или аудиозапись песни «Червона калина».

«Крымский СМЕРШ» также призывает крымчан сообщать им о проукраинских жителях полуострова. О выявленных «проукраинских активистах» организация сообщает в правоохранительные органы и вместе с силовиками выезжает на задержания нарушителей.

При этом «Крымский СМЕРШ» фактически копирует «воспитательные методы» китайских хунвейбинов. Сторонников Украины заставляют извиняться на камеру, иногда переодев их в шутовские наряды (например, на мужчин водружают ковбойские шляпы с украинским и американским флагом).

Видео с извинениями выкладываются в телеграмм-канале «Крымского СМЕРША», который пользуется определенной популярностью (93 тысячи подписчиков).

«РОССИЯ НАС ДЕПОРТИРОВАЛА ТРИЖДЫ!»

Если большинство русских в Крыму аннексию полуострова встретили с восторгом, то крымские татары (другое название народа — крымцы) восприняли новую власть с недоверием.

Моя первая встреча с крымскими татарами произошла в Крымском инженерно-строительном университете (КИПУ) имени Фейзи Якубова.

Во дворе КИПУ еще при украинской власти был установлен монумент «Возрождение» в знак благодарности узбекскому и украинскому народам, проявившим гуманизм к судьбе депортированных крымцев.

Возле монумента поставлены скамейки «праведников» — людей боровшихся за права крымских татар. Забавно, что на одной из скамеек выведено имя одного из лидеров украинского национал-демократического движения Украины Вячеслава Черновола, чьи взгляды враждебны официальным идеологическим установкам современной России.

— Наш институт основал ныне покойный знаменитый крымскотатарский ученый Фейзи Якубов. Его идея была сконцентрировать здесь крымскотатарскую интеллигенцию и дать хорошее образование как крымскотатарской молодежи, так и представителям других национальностей Крыма, — рассказывает мне преподаватель университета Ибрагим.

Мы вспоминаем Узбекистан (я работал в этой республике правозащитником, а Ибрагим жил там до присоединения Крыма). Ибрагим рассказывает:

В отличие от других депортированных народов, которым позволили вернуться домой еще в конце пятидесятых годов прошлого столетия, крымские татары смогли вернуться на родину только в перестройку.

То есть Крым до депортации помнили лишь глубокие старики. Причем крымские татары прекрасно прижились в Узбекистане. По проценту людей с высшим образованием мы стоим на втором месте после евреев, и поэтому в Узбекистане крымские татары часто занимали высокопоставленные должности.

Мой отец, например, был главным инженером на одном из ферганских заводов. У нас была дача, машина. То есть мы жили вполне хорошо, и вроде бы зачем нам этот Крым? Но наши старики внушали молодежи и людям среднего возраста: вы просто обязаны вернуться на родину! И большинство крымских татар последовало этому завету. Я считаю, что это настоящий феномен.

«ИСТОРИЧЕСКОЕ НЕДОВЕРИЕ»

Спрашиваю Ибрагима, как крымцы относятся к России и русским.

«Конечно же, крымские татары не могут забыть депортацию 1944 года, но на самом деле это не единственное преступление России против нашего народа.

Захват Крыма Россией в конце XVIII века сопровождался массовыми жертвами среди мирного населения, что привело к бегству в Турцию большей части коренного населения.

После Крымской войны Россия обвинила крымских татар в сотрудничестве с неприятелем. Опасаясь преследований, из Крыма бежало около 200 тысяч человек. То есть реально нас депортировали не один раз, а три! К тому же, когда мы стали возвращаться на родину в конце 1980-х, русское население на первых порах встречало нас крайне враждебно, а местные чиновники как могли препятствовали нашему возвращению.

Правда, сейчас с местными русскими отношения уже очень хорошие, много смешанных браков. То есть ненависти к русским у нас нет, а вот к России как государству у нашего народа есть историческое недоверие», — говорит мой знакомый.

В истории крымских татар немало общего и с чеченцами.

Именно два этих народа наиболее долго оказывали сопротивление (как скрытое, так открытое) присоединению к России и восставали каждый раз, когда ненавистная империя слабела.

Схожи и обвинения в коллаборационизме: так и чеченцы, и крымские татары были депортированы Сталиным за якобы сотрудничество во время Великой Отечественной войны с немецкими оккупантами.

ПОЧТИ УЗБЕКИСТАН

Первое впечатление от бывшей столицы крымского ханства Бахчисарая — я как бы оказался в Центральной Азии.

Я поселился в старом городе и был вынужден просыпаться в четыре часа утра от пения муэдзина. Ханский дворец с узкими улочками старого города мне напомнил Бухару. В бесчисленных чайханах подавали плов и лагман, а сидеть приходилось, как и в Узбекистане, на ковре возле дастархана.

К слову сказать, как это цинично ни звучит, депортация в Узбекистан имела для крымских татар и свои плюсы. Сегодня в культуру крымцев прочно вошли многие элементы узбекского быта. Чтобы завлечь туристов, сегодня крымские татары подчеркивают свою «восточность» с помощью узбекской экзотики.

Например, топчаны, рядом с которыми сидишь на корточках, уже нехарактерны для татарских домов (там, как и в России, сидят на обычных стульях). Интересно, что в Узбекистане крымские татары, как правило, дистанцировались от коренного населения и общались больше с русскими, в Крыму же, чтобы подчеркнуть свою «инаковость», напротив используют элементы узбекской культуры.

К тому же среди возвратившихся из ссылки татар очень много полукровок (один из родителей узбек). Более того, под шумок под видом возвратившихся после депортации крымских татар в Крым приехало много узбеков, таджиков и турок-месхетинцев.

Получается, что, вернувшись домой, крымские татары захватили с собой «кусочек» Центральной Азии. Впрочем, одно явное отличие от Узбекистана в татарских районах Крыма все же есть: здесь повсюду встречаются кофейни, где варят отличный кофе по-турецки.

Однако в реальности, разница между узбеками и крымскими татарами просто огромная. В качестве иностранного правозащитника я несколько лет жил в Узбекистане и могу засвидетельствовать, что в этой стране крымских татар (впрочем, как и казанских) считали «русскими».

Действительно, городские крымские татары очень европеизированы, и их стиль жизни почти такой же как и у русских. Крымские татары, жившие в сельской местности, были значительно консервативней, но все же по сравнению с таджиками и узбеками они были в той или иной мере «европеизированы» тоже.

Их женщины почти не ходили в хиджабе; более того, почти все крымцы говорят по-русски лучше, чем на крымскотатарском. Интересно, что даже в бахчисарайской мечети имам читал проповедь на крымскотатарском с вкраплениями русских фраз.

«США — ПОРОЖДЕНИЕ ШАЙТАНА»

Сегодня в Бахчисарае можно встретить (хотя и достаточно редко) девушек в хиджабе и молодых парней с бородами и в тюбетейках.

В реальности это неофиты, воспринимающие религию как часть национального возрождения. Большинство же местных крымских татар не только одевается по-европейски, но и между собой чаще говорят по-русски, чем по-татарски.

Однако у проблемы есть и другая сторона медали. В отличие от местных русских, среди крымских татар много сторонников возращения Крыма в Украину, а такие люди с высокой долей вероятности оказываются под колпаком российских спецслужб. Это приводит к тому, что среди крымцев гораздо выше процент арестованных по политическим статьям, чем среди других народов Крыма.

Как утверждает «Мемориал», крымские татары также преследуются и за свои религиозные убеждения. Дело в том, что после аннексии полуострова репрессиям стали подвергаться члены религиозной организации Хизб ут-Тахрир признанной экстремистской в России и в ряде других стран, включая Германию, Великобританию, Китай, Узбекистан и Казахстан.

При Украине Хизб ут-Тахир действовала совершенно в открытую, но после оккупации Крыма члены этой организации стали получать длительные тюремные сроки. В ответ крымскотатарские активисты провели пикеты в Москве, обвиняя Кремль в религиозных гонениях и даже национальной дискриминации крымцев. Но так ли это в действительности?

— К сожалению, Гитлеру не удалось уничтожить всех евреев. И этот проклятый богом народ по-прежнему вредит мусульманам. Вы думаете, Россией управляет Путин? Нет, он лишь исполняет волю еврейского мирового правительства, — убеждает меня Бахтияр из Бахчисарая, член «Хизб ут-Тахрир».

Не только из речей Бахтияра, но и из официальных документов «Хизб ут-Тахрир» следует, что ее идеология вполне экстремистская. Причем дело не только в откровенном антисемитизме — согласно документам организации, демократия неприемлема для мусульман, а США, Великобритания и Израиль объявлены порождением шайтана. Конечная цель организации — создание исламского халифата.

Однако члены «Хизб ут-Тахрир» подчеркивают, что добиваются своих целей мирными средствами. Поэтому организация в открытую действует в США и в ряде других европейских стран.

Можно спорить, насколько запрет организации в России отвечает международным нормам, но эта проблема скорее политическая, а не религиозная. Приведу такой пример.

В начале 2000-х я работал представителем международных организаций Кестонский институт (Великобритания) и Форум-18 (Норвегия) в Центральной Азии. Обе организации отслеживали нарушения прав верующих. При этом преследованиями членов «Хизб ут-Тахрир» (эта организация была очень активна в регионе) мы не занимались, так как считали, что это вопрос политический, а не религиозный. Отмечу также, что столь авторитетные международные правозащитные организации как Amnesty International и Human Rights Watch, хоть и защищали «Хизб ут Тахрир», но также считали, что члены этой организации подвергаются политическим, а не религиозным преследованиям.

Когда я работал правозащитником в Центральной Азии, для того чтобы попасть там на учет спецслужб, было достаточно отрастить бороду. Например, просьба подравнять мне бороду вызвало откровенное замешательство узбекистанской парикмахерши:

— Если честно, мы уже забыли как это делать; в нашей стране запрещено иметь бороду.

В Крыму пока таких проблем нет. Более того, в отличие от Центральной Азии, здесь не преследуют и так называемых «ваххабитов» (сторонников саудовской версии ислама).

Другое дело, что у этого коренного народа полуострова существует историческое недоверие к России, и преодолеть его будет нелегко.

БЫЛО ОЧЕНЬ ТРУДНО

Еще более серьезные проблемы у крымских украинцев. Международный суд ООН пришел к заключению, что Россия после аннексии Крыма препятствует местным украинцам получать образование на родном языке.

До российской аннексии Крыма в 2014 году на украинском языке в местных школах, по официальным данным, учились почти 13 тысяч (более 7%) учащихся. После аннексии российские власти начали активно вытеснять украинский язык из учебных заведений. В итоге к 2019 году на полуострове не осталось ни одной школы с украинским языком обучения, всего в пяти школах были классы на украинском языке (всего восемь таких классов). А после того, как Россия начала полномасштабное военное вторжение в Украину, украинский язык перестали преподавать в крымских школах даже факультативно.

Нынешние крымские власти объясняют это тем, что теперь сами родители не хотят, чтобы их дети получали образование на украинском (для создания класса необходима подача как минимум восьми заявлений)— мол, он уже просто не понадобится. Однако мне лично известны и случаи, когда украинские классы закрывали по звонку сверху. Как-то в симферопольском ресторане разговорился с официанткой— этнической украинкой. Во время «Крымской весны» она училась в симферопольской украинской гимназии, после присоединения к России преподавателей уволили, и девушке пришлось доучиваться на русском: «Было очень трудно»

«ЖАЛЬ, ЧТО МЫ НЕ АМУРСКИЕ ТИГРЫ!»

«Несколько лет назад мы вернулись в Россию. О чем мечтали и чему очень радовались. Оказалось, что за время, что мы жили порознь, Россия очень изменилась. Она стала очень далека и от бывшего Союза, и от Украины. Закон в России — пустое место, — не скрывает своих эмоций караимский активист Вячеслав Лебедев, с которым мы пьем чай в его симферопольской квартире. — Здесь главный — чиновник, простой человек тут никто. Например, нас, караимов, а также крымчаков подвергают дискриминации, а жаловаться куда-нибудь бесполезно. СМИ в российском Крыму существуют чисто номинально. Работают только по указке сверху либо за большие деньги. В СССР со свободой слова было гораздо лучше!»

Со Славой я познакомился еще середине 1990-х, когда работал в «Независимой газете», и нынешний караимский активист был нашим корреспондентом в Симферополе. Тогда Вячеслав поклялся не брить бороду до тех пор, пока Крым не присоединится к России. И вот — свершилось, но Вячеслав по-прежнему с бородой. Одна из причин, почему Слава не сдержал свое обещание — отказ России предоставить караимам и крымчакам статус коренного малочисленного народа.

Караимы и крымчаки — древнейшие обитатели Крыма, появились на полуострове задолго до крымских татар. Исповедующие иудаизм и говорящие на одном из тюркских языков крымчаки считаются одной из этнических групп евреев. С караимами все сложнее: религия этого тюркоязычного народа основана на Ветхом завете, но они не признают Талмуд, то есть они не классические иудеи.

Во время Второй Мировой войны караимской общине удалось, ссылаясь на свой особый статус в Российской империи, частично убедить немцев в том, что они не являются евреями, что и спасло их от массового уничтожения. Например, караимский адвокат Самуил Ходжаж разыскал в центральном симферопольском архиве документы, свидетельствующие, что караимы — самостоятельный тюркский этнос. Оккупанты поверили Ходжажу и даже предложили стать мэром Евпатории, однако тот отказался, за что и был расстрелян. В общем, нацисты отложили вопрос о «расовой классификации» караимов на потом — как оказалось, навсегда. Однако и сегодня одни ученые считают караимов этнической группой евреев, а другие самостоятельным народом — потомками хазар.

Следы средневековой караимской культуры в Крыму очень заметны: это развалины древних городов, почти во всех них сохранились кенассы (караимские молитвенные дома) и караимские кладбища. Однозначно — караимы тут давно, так почему бы не дать им и крымчакам статус коренных малочисленных народов? Однако и противников у этой инициативы предостаточно.

Мы считаем, что для предоставления караимам и крымчакам статуса коренного малочисленного народа нет достаточных оснований. Согласно российскому законодательству, один из критериев для внесения народа в список коренных малочисленных — ведение традиционного образа жизни и, прежде всего, традиционных видов хозяйствования… Почти все группы, которые уже есть в этом списке, это народы, фактически проживающие в экологически уязвимой среде, в сложных природных условиях, и ведущие традиционный образ жизни хотя бы частью своей численности, — говорит академик РАН Валерий Тишков. — Есть и второй аргумент. В сложившейся ситуации, когда в Крыму произошли серьезные политические перемены, делить население на коренных и не коренных не очень верно, потому что и крымские татары коренной народ Крыма, и русские, и украинцы, и болгары, и греки. Наша позиция — в отношении Крыма нужно сделать то же, что сделали в отношении Дагестана — позволить местным властям самим определять этот вопрос.

Лебедев с позицией ученого категорически не согласен: «Караимов в Крыму около 500 человек, крымчаков около 200. Без поддержки государства шансов выжить у нас просто нет. Я хочу обратить внимание, что амурских тигров тоже около 500 особей, и для их поддержки создан фонд, нам же в праве на выживание отказывают. Но с тиграми выгоднее: им не надо деньги передавать — кто собирает, тот и тратит».

Часть III

ПРЕДТЕЧИ КАТАСТРОФЫ

ПРИДНЕСТРОВСКИЕ ЗАРИСОВКИ

«ПИШИ ПРАВДУ»

В мае 1991 года я впервые поехал в журналистскую командировку в Молдову. Кишинев казался по-южному беззаботным и приветливым. В утопающих в зелени парках гуляли мамаши с детьми, в ресторанах подавали вкусную балканскую пищу и прекрасное вино. Атмосфера в городе мне показалась просто курортной.

«Тоже мне, нашел курорт! Скоро русских из автобусов начнут выкидывать, а ты тут жизнью наслаждаешься», — огорошила меня кишиневская русскоязычная знакомая.

Ее страхи были объяснимы. «Народный фронт Молдовы» выступал за воссоединение с Румынией. Местная интеллигенция требовала признать идентичность молдавского языка румынскому и придать ему статус единственного официального. Периодически, хотя и редко, на митингах местных националистов можно было услышать лозунги: «Чемодан, вокзал, Россия!», «Русских — за Днестр, евреев — в Днестр».

Однако, как выяснялось, настоящие страсти кипели не в Кишиневе, а приблизительно в двух часах езды от него — в Приднестровье.

Здесь, на левом берегу Днестра, преобладали русские и украинцы. Напуганные «румынизацией» жители Левобережной Молдовы, а также города Бендеры в 1990 году провозгласили Приднестровскую Молдавскую Советскую Социалистическую Республику (ПМССР), естественно, не признанную официальным Кишинёвом.

Основной силой сепаратистов стал Объединенный совет трудовых коллективов Тирасполя, не скрывавший своих симпатий к коммунистической идеологии.

Когда я приехал в Тирасполь — столицу самопровозглашенной ПМССР — обстановка в городе была наэлектризована до предела. Создавалось впечатление, что люди забыли обо всех своих домашних делах и живут лишь в нервном ожидании «интервенции» с правого берега.

На мою беду, все местные безошибочно вычисляли во мне заезжего репортера и сходу начинали читать мне лекцию о «румынском фашизме» — уклониться от разговора было просто невозможно. При этом почти все мои собеседники жутко обижались, что в Кишиневе их называют сепаратистами. Почему-то это слово они воспринимали не как термин, а как ругательство. Заканчивали приднестровцы беседу со мной всегда одинаково: просьбой (а если точнее, требованием) «писать правду».

На центральной площади города почти непрерывно шли митинги. Тысячи людей выкрикивали: «Приднестровье! Румынский фашизм не пройдет!» Периодически какая-нибудь дородная тетушка выбегала на середину площади и поднимала вверх руки. Собравшиеся немедленно замолкали — это был знак, что человек просит слово. Было видно, что тираспольцы наслаждались такой «стихийной демократией», ощущали себя «вершителями истории». Атмосфера всеобщего возбуждения настолько захватывала, что даже я, помимо своей воли, начинал сочувствовать митингующим.

Правда, несмотря на очевидную искренность людей, было очевидно, что кто-то ими все-таки управляет. На митингах мне приходилось видеть старушек с плакатами: «Дети Приднестровья против румынского фашизма» (плакаты делались централизованно, и иногда в спешке демонстранты брали не то, что им положено).

В Тирасполе я впервые столкнулся с ностальгией по СССР, попыткой законсервировать уходящую эпоху. Эпитеты «советский» и «социалистический» в названии непризнанной республики были далеко не единственными приметами советского времени в местной жизни.

Любовь к уходящей эпохе здесь проявлялась даже в мелочах: молодожены по-прежнему возлагали цветы к памятнику Ленину, а местные ученицы носили классическую советскую школьную форму (с белыми колготками и фартуком).

«Это у вас там, в Москве, кооперативы открывают да Ленина поносят. А у нас как было все по-старому, так и останется!» — со слезами на глазах говорил мне ветеран Великой Отечественной.

«АГЕНТЫ КРЕМЛЯ»

В Кишиневе на приднестровских сепаратистов смотрели как на марионеток Кремля, послушно выполняющих волю союзного Центра. Здесь любили рассказывать историю, как председатель Верховного Совета СССР Анатолий Лукьянов говорил тогдашнему президенту Молдовы Мирче Снегуру: «Не хотите приднестровской проблемы — подписывайте Союзный договор!»

Настоящий восторг в Кишиневе вызвала поддержка августовского путча Объединенным советом трудовых коллективов Тирасполя. Эта организация опубликовала в своей газете «Трудовой Тирасполь» следующее заявление: «Мы целиком и полностью поддерживаем решительные меры Государственного комитета по чрезвычайному положению СССР, исполняющего обязанности президента страны и руководства СССР, направленные на сохранение нашей великой Родины, на стабилизацию общественно-политической обстановки».

В Кишиневе утверждали, что точно такое же обращение должно было быть напечатано и в правительственной газете непризнанной республики, но в последний момент руководство ПМССР благоразумно решило выдержать паузу.

Естественно, что все эти «звоночки» работали на молдавских сторонников независимости. А вскоре в прессе появились неопровержимые доказательства, что госсекретарь ПМССР Валерий Лицкай в советское время был штатным сотрудником КГБ и, в частности, выполнял деликатные поручения на Кубе.

Интересно, что после этого разоблачения лидеры Приднестровья и не пытались отпираться, а в открытую признались мне, что выполняли волю Кремля.

«Да, Приднестровская революция направлялась из Центра, но это возможно сделать лишь если население действительно очень недовольно. В странах Балтии мы тоже хотели пойти этим путем, но там не получилось», — объяснил в доверительном разговоре со мной один из лидеров местных сепаратистов.

«Кремлевский след» прекрасно объяснял и другие приднестровские странности: например, что сюда в массовом порядке переехали бывшие бойцы ОМОНа из балтийских республик, а министром безопасности стал рижский сотрудник уголовного розыска Владимир Антюфеев (сменивший в Приднестровье имя на Вадим Шевцов), «прославившийся» своей борьбой против «латышских фашистов».

ПАРАЛЛЕЛИ С ДОНБАССОМ

Когда в Восточной Украине зародилось сепаратистское движение, у меня появилась устойчивое ощущение дежа-вю: все это мы уже проходили в Приднестровье. Действительно, сходство просто поразительное: бешеный энтузиазм населения, те же обвинения в фашизме правого берега — в одном случае Днепра, в другом Днестра. Приднестровцы говорили, что согласны быть молдаванами, но не румынами; жители Донбасса заявляют, что они украинцы, но не «бандеровцы».

Интересно, что и в Донбассе, и в Приднестровье сепаратистская пропаганда умышленно нагнетала страсти. В дни штурма Славянска украинской армией на улицах города висели плакаты: «Если ты не хочешь, чтобы твои жена и дети оказались в фильтрационных лагерях — вступай в ополчение!» В Приднестровье местным жителям умело внушали, что после «неминуемого» присоединения Молдовы к Румынии все славяне будут объявлены «людьми второго сорта».

Так же, как и в Приднестровье, в Донбассе пытаются законсервировать, а по возможности и возродить советское прошлое: это и забота о памятниках Ленину (в противовес разрушающим их «бандеровцам»), и сохранение советских названий улиц, и даже демонстративное введение советской школьной формы.

Однако, конечно же, главное — что оба конфликта управляются Кремлем. По сути, для Москвы Приднестровье была учебным полигоном перед Донбассом. Донецкую и Луганскую «народные республики» создавали специалисты по непризнанным государствам из Приднестровья.

Бывший глава министерства госбезопасности ПМР Владимир Антюфеев одно время работал заместителем председателя совета министров «ДНР», бывший вице-президент ПМР Александр Караман занимал пост министра иностранных дел «ДНР».

«В Приднестровье выросла плеяда кризис-менеджеров, которые могут работать в условиях внешней угрозы. Они поддерживают идеи „Новороссии", которая тоже борется за право отстоять свою самобытность. Их пригласили — они поехали, здесь ничего странного нет», — откровенничает приднестровский депутат Анатолий Дирун.

Обкатку на приднестровской войне прошли и Игорь Стрелков, и бывший премьер «ДНР» Александр Бородай.

Однако по сравнению с приднестровском конфликтом Кремль в Донбассе действовал значительно более решительно и открыто, и даже до 24 февраля 2022 не скрывал своего сочувствия к «повстанцам», тогда как во времена позднего СССР действия Кремля по сохранению империи были вялыми и непоследовательными.

Изменилось и отношение к «совковости» сепаратистов. В ельцинское время и власти, и уж тем более журналисты демократических изданий, в лучшем случае стыдились коммунистических симпатий приднестровцев. Сейчас все по-другому: после заявления Владимира Путина, что распад СССР был «крупнейшей геополитической катастрофой века», любовь донбассцев к советскому наследию толкуется официальной пропагандой как уважительное отношение к прошлому.

ОТ ДУДАЕВА ДО КАДЫРОВА

«ДАЙ БОГ ПРОЖИТЬ ЕЩЕ ОДНУ НОЧЬ!»

Сразу же после ввода российских войск в Чечню я относился к Джохару Дудаеву с резким неприятием и в целом, поддерживал «федералов». Дело в том, что я уже побывал в дудаевской Чечне, и она произвела на меня впечатление крайне опасного для России криминального анклава.

«Победить Дудаева с помощью чеченцев не удалось, что ж, придется ввести войска», — рассуждал я.

Увы, человек — создание субъективное, и мое отношение к «федералам» резко изменилось после того, как я побывал объектом «точечных ударов» российских бомбардировщиков.

Как и большинство журналистов, я остановился в грозненской гостинице «Французский дом». Вечером мы наливали себе по стакану водки со словами: «Дай Бог прожить нам еще одну ночь». Минуты через три раздавался рев бомбардировщиков. «Господи, сделай так, чтобы этот снаряд был не наш!» — прервав дыхание, замирал каждый из нас. Через несколько секунд раздавался взрыв: с потолка сыпалась штукатурка, дребезжали стекла — это означало, что смерть миновала и на этот раз.

В городе остались только боевики и местные русские (им уезжать было некуда). Авиация без преувеличения просто сносила центр города.

Когда я после бомбежек выходил считать трупы, соотношение было таким: на одного убитого боевика приходилось девять погибших мирных жителей, большинство — славянской наружности.

На стенах грозненских домов можно было увидеть рисунки русских малышей. Вот самолеты, расстреливающие жилые дома, а вот танк, расстреливающий здание. Иногда дети поясняли свои рисунки: на самолетах рисовали звезды или же просто писали «Россия», нередко с одним «с».

ЧЕЧЕНСКАЯ И УКРАИНСКИЕ КАМПАНИИ: СХОДСТВА И РАЗЛИЧИЯ

Интересно сравнить чеченскую и российскую военные кампании.

И в Украине, и в Чечне до начала открытой агрессии Кремль создавал и пытался использовать в своих целях пророссийские вооруженные формирования. В Чечне эта была антидудаевская оппозиция, а в Украине так называемые «ополченцы» (вооруженные формирования местных сепаратистов).

В обоих случаях Москва финансировала эти вооруженные формирования, их консультировали российские военные инструкторы, а в критической ситуации в боях тайно участвовали российские военнослужащие.

И в Украине, и в Чечне Кремль бомбил противника, совершенно не заботясь о гибели мирного населения. Показательно, что в Грозном чеченцы вывезли своих детей и женщин в села.

Так же, как и в Чечне, в Украине от российских снарядов в первую очередь гибли русскоязычные восточных регионов, которых, согласно официальной московской доктрине, Кремль пришел защищать.

В то же время я не думаю, что Кремль умышленно убивал мирных жителей. Просто российская военная техника слабо приспособлена для точечных ударов. Показательно, что украинская армия, так же неумышленно, убивала мирных жителей Донбасса в 2014–2015 годах.

Западная военная техника, как я могу засвидетельствовать даже по операции НАТО в Югославии, действует гораздо точнее.

Правда, после 24 февраля 2022 года ВСУ, используя западную технику, также не отличаются точностью ударов, но, возможно, это связано с меньшим опытом.

Другим важным новшеством является то, что в Украине, в отличие от Чечни, Кремль умышленно наносит удары по объектам энергосистемы, что приносит ущерб (вплоть до смерти) мирному населению.

В Чечне почти не было зафиксировано случаев мародерства и уж тем более изнасилований (единственный публичный пример — случай полковника Юрия Буданова). Из Украины информации о таких случаев поступает очень много.

Одно из объяснений большей криминализации украинской войны по сравнению с чеченской — в ней Кремль активно использует зэков, которые в обмен на подписание контракта получали амнистию.

При этом в Украине реальная опасность чувствуется лишь на линии фронта. Да, и в тыловых городах частые воздушные тревоги и «прилеты», но глобальная вероятность быть убитым или раненым невелика. Совсем по-другому было в Чечне, где риск погибнуть был очень велик в любой точке.

Интересно также, что в Украине у населения накопилась огромная ненависть к россиянам, а в Чечне, по крайней мере, в первую кампанию, ненависти к русским не было. Российских журналистов принимали тепло, боевики все время подчеркивали, что виноваты не русские, а правительство.

Правда, как утверждает писательница из Чечни Полина Жеребцова, после окончания первой военной кампании в Чечне в 1996 году появились довольно сильные антирусские настроения.

Но и тут есть существенное отличие. В Украине ненавидят именно россиян, а к местным русским относились нормально, в Чечне же не любили русских вне зависимости от их места жительства.

НОСТАЛЬГИЯ ПО ПРОШЛОМУ

«Настанет день, когда жизнь в прежнем СССР мы будем вспоминать как лучшие годы», — убеждал меня в далеком 1991 году солидный дядечка, депутат непризнанной Приднестровской Молдавской Социалистической республики.

Тогда я лишь посмеялся над этим высказыванием, но мне пришлось позднее убедиться, что этот прогноз оказался верен для многих жителей бывшего СССР.

Особенно сильной была тоска по распавшемуся Союзу в неблагополучных регионах.

Если в России после распада СССР стало лучше жить довольно много людей, то в центральноазиатских республиках (за исключением Казахстана) кроме ничтожной по численности прослойки новоявленных феодалов и баев после крушения коммунистической системы гораздо хуже стали жить все местные жители.

Сегодня Центральная Азия — это, пожалуй, единственное место в мире, где российский паспорт является предметом зависти и уважения.

«Настоящая» заграница для местных жителей — несбыточная мечта; отказы в визе в американских посольствах около 50%. Олицетворение успеха для уроженца стран Центральной Азии — найти работу в Москве или на худой конец в любом крупном российском городе.

После распада СССР регион стал медленно, но верно, возвращаться в средневековье. В местных кишлаках живут практически натуральным хозяйством. Пашут здесь, как в древние времена, на волах, а зерно мелят на водяных мельницах. Неудивительно, что жители Средней Азии вспоминают с ностальгией о временах СССР.

В одном из отдаленных сел горного Таджикистана меня пригласил к себе в гости местный пенсионер Ахмед. Как выяснилось, этот симпатичный старик специально хотел оказать мне знаки уважения как представителю Москвы, ассоциирующейся в его сознании с «великим Советским Союзом».

Еще в двадцать лет Ахмед потерял ногу в результате несчастного случая, и ему выделили пенсию по инвалидности в 80 рублей и автомашину. Он стал работать завклубом, женился, вырастил четверых детей.

«Денег хватало с избытком. Мы даже брали путевки и каждый год ездили отдыхать в санаторий, куда-нибудь в Россию», — вспоминает пенсионер.

Ахмед пытается угощать меня с размахом — он поставил на стол все, что у него есть из еды: хлеб, молоко, сушеный тутовник и яблоки. На другие яства рассчитывать просто глупо: работы в селе нет, дети старика — безработные, и единственный денежный доход семьи — это его пенсия в размере нескольких десятков долларов. «Мы жили как в раю, и даже не понимали этого», — пытается убедить меня старик.

Естественно, о временах СССР тосковали и жители горячих точек. Если бы я в 1990-х сказал этим полуголодным, живущим в неотапливаемых подвалах людям, что в постперестроечное время они получили свободу слова и возможность путешествовать по всему миру, они посмотрели бы на как на сумасшедшего, в лучшем случае.

Самое интересное, что горячими приверженцами советской системы часто были не только мирные жители, но и боевики, защищающие с оружием в руках идеи, весьма далекие от коммунистической идеологии.

Например, во время гражданской войны в Таджикистане многие рядовые бойцы-исламисты говорили мне, что они за «Советский Союз и исламскую республику». Во время первой чеченской войны многие воевавшие с «федералами» боевики на чем свет стоит клеймили «развалившего» Советский Союз Горбачева и с ностальгией вспоминали о доперестроечных временах, когда, к слову говоря, ни о какой независимой Ичкерии не могло быть и речи.

В этом отношении примечательна история, рассказанная мне грузинским политиком Георгием Заалиашвили, который в конце 90-х прошлого столетия более года провел в плену у чеченских боевиков:

Почти все бандиты, у которых я находился, сражались с федеральными войсками, защищая независимость Чечни. Но самое интересное, что эти же люди вспоминали советские времена как лучшие дни своей жизни. Мне особенно запомнился один бывший тракторист, потерявший все свои сбережения во время денежной реформы Павлова. Почему-то во всех своих бедах он винил именно меня. От этого «механизатора» мне часто доставалось, а он, избивая меня, приговаривал при этом: «При коммунистах я был богатым человеком, а теперь я вынужден воевать с русскими и торговать заложниками!»

Согласно опросу «Левада-центра» 2020 года, 75% россиян высказали уверенность, что советская эпоха — лучшее время за всю историю страны. Против этого выступили лишь 18% респондентов.

При этом о распаде Советского Союза сожалеют 65% населения. Очень высок процент таких ностальгирующих по СССР был в бедных в прошлом промышленных регионах, таких как Приднестровье и восточная Украина.

Конфликт в Украине после обретения этой страной независимости был противостоянием сторонников новой независимой прозападной Украины и сторонников СССР. В Украине, как и в Балтии, было больше людей, выбирающих западный демократический путь развития. Связано это было и с тем, что исторически западная Украина была частью европейских стран, так и с тем, что значительная часть украинцев работала в Европе. Донбасс же, по мнению политолога Владимира Пастухова, был украинской Вандеей. Причем население этого региона было не столько за Россию, сколько за СССР. На нем как бы было написано: «мы советские», — полагал Пастухов. «Советскости» Донбасса способствовало и то, что после 2014 года сюда переехало много «леваков» из стран бывшего СССР. Можно также добавить, что тот же симптом «советскости» в не меньшей степени наблюдался и в Крыму.

Близка к ностальгии по СССР и тоска «по большой сильной державе», которую все боятся. Увы, но довольно много людей в бывшем СССР, в первую очередь в России, воспринимают как национальное унижение то, что после распада СССР их страна стала заурядным государством с кучей проблем, по вполне понятным и разумным причинам не вызывающим особого уважения на Западе. «Это не война с Украиной. Это расплата Запада за унижение России в 90-х, когда весь мир потешался над пьяным Ельциным, дирижирующим оркестром в Германии», — сказал мне один бизнесмен средней руки из провинциального Ставрополя. Очень точно такие настроения передают слова бандита в романе Виктора Пелевина «Generation П»:

Скажи, Ваван, когда ты за границей бываешь, унижение чувствуешь? <...> Я тебе точно говорю — они нас там за людей не считают, как будто мы все говно и звери. <...> Все потому, что мы у них на пансионе. Их фильмы смотрим, на их тачках ездим и даже хавку ихнюю едим. <...> Они-то думают, что мы культурно опущенные! <...> Словно мы животные с деньгами. Свиньи какие или быки. А ведь мы — Россия! Это ж подумать даже страшно! Великая страна!

Аннексия Крыма вызвала настоящий восторг у таких людей. Ликованию «крымнашистов» не было предела.

«У Путина великолепная „чуйка" на настроение людей. В этом его главный талант!» — заявил пропагандист кинорежиссер Карен Шахназаров.

Увы, действительно, большинство россиян поддержало агрессию против Украины. А вот в самой Украине что-то пошло «не так», взгляды людей даже в самых просоветских регионах стали резко меняться под воздействием российских бомб.

ПОСЛЕСЛОВИЕ

МИР И ВОЙНА

Я был приблизительно на десяти войнах на рубеже последнего столетия, и то, что я увидел в Украине, сильно отличалось от моего предыдущего опыта.

Меня удивило, что украинские города, расположенные вдали от линии фронта, по крайней мере, на первый взгляд, выглядели мирным и процветающими, почти такими же, как Будапешт, откуда я попал в Украину.

Это резко отличается от войн в Чечне, Таджикистане, Грузии и Афганистане, где разруха, нищета и голод чувствовались повсеместно.

В отличие от Украины, в этих странах я не ощущал себя комфортно и в безопасности даже вдали от линии фронта. Да, здесь не бомбили, но даже с деньгами здесь нередко трудно было найти элементарную еду, а также был высокий риск нарваться на шайки вооруженных бандитов. В Украине же хорошо поесть можно было везде, а преступность — минимальная. То есть, как говаривал персонаж Виктора Пелевина, «под Кандагаром было круче».

Но все же это было внешним, во многом обманчивым впечатлением. Война изменила жизнь всех жителей Украины; просто часто ее проявления недоступны постороннему взгляду.

И, конечно же, особо нужно сказать о линии фронта: таких чудовищных ожесточенных боевых действий просто не было на войнах последних десятилетий. Стало обычной практикой, что российская армия не просто захватывает очередной город, а сносит его до основания.

Принципиально изменился и сам ход войны. Например, чеченцы больше всего ненавидели российских летчиков, бомбивших их города и села, а в Украине вместо бомбардировщиков летят безликие дроны. Вместо же артиллерии в этой войне все чаще используются ракеты, обладающие чудовищной по разрушительности силой.

К слову, я наблюдал попадание ракеты в харьковскую типографию. Это было страшнее и бомбардировок, и артобстрелов.

ЗА СССР?

Хотя в целом украинская война резко отличалась от тех конфликтов, что я видел до этого, иногда все же у меня появлялось чувство дежа-вю.

Для российской армии характерно полное пренебрежение к жизням мирных жителей. Невозможно представить, что, борясь с каким-то режимом за пределами США, американцы массово убивали бы проживающих в этой стране американцев.

Для России же, увы, это обычное дело. Повторю, что при бомбежках Грозного в первую чеченскую гибли в основном местные русские, а в Украине Россия убивала то самое русскоязычное население, которое якобы пришла освобождать.

В Чечне я слышал от российских солдат, что «все нормальные русские уже покинули Грозный», а сегодня некоторые пророссийские военные блогеры называют гибель мирных жителей «расплатой за поддержку нацистов».

При этом в этой войне появилось принципиально новое ноу-хау: массовое использование в боевых действиях уголовников и, как следствие этого, грабежи и убийства мирных жителей.

Михаил Горбачев пытался сохранить Советский Союз, используя сепаратистские движения в Абхазии, Приднестровье и местах компактного проживания русских в Балтии.

Спасти Советский Союз не удалось, но метастазы коммунистического прошлого распространились по всей распавшейся империи.

И в Приднестровье, и в Абхазии, и даже в Таджикистане одна из противоборствующих сторон мечтала о возрождении СССР и воевала под красными знаменами. Помню, как лидер Таджикского народного фронта, отсидевший в тюрьмах более двадцати лет криминальный авторитет Сангак Сафаров говорил мне о целях своего движения: «Медведь

(СССР — *Авт.*) умер, но медвежата живы и будут продолжать борьбу».

Во всех этих регионах прокоммунистические силы поддерживались в начале Михаилом Горбачевым, а потом сменившем его Борисом Ельциным.

В 2014 году ту же тактику Кремль применил и в Донбассе, где значительная часть населения мечтала о возрождении Союза. Созданное там Кремлем сепаратистское движение очень напоминало то, что я видел в 1990-е в Приднестровье. И там, и там боролись с «фашизмом». Только в «ДНР-ЛНР» фашистами были «бандеровцы», а в Молдавии — прорумынские националисты.

Забавно, что в сепаратистских анклавах в Донбассе, Кремль в открытую применял опыт Приднестровья, откуда завозились чиновники, которых, ничтоже сумняшеся, называли «антикризисными менеджерами».

Роль «собирателя русских земель» явно импонирует российскому президенту Путину, а ностальгия в обществе по «потерянной великой державе» подтолкнула его на авантюру по частичному восстановлению Советского Союза. И поэтому можно хотя бы частично согласиться с распространенным в украинском обществе мнением, что в произошедшей катастрофе виноват не только Владимир Путин, но и все россияне. Или хотя бы большинство.

Впрочем, возможно, на мотивы Путина влияют и и гораздо более прозаичные причины: не исключено, что после свержения Януковича он боится потерять власть, повторить судьбу Милошевича и ему подобных.

ЭПОХАЛЬНОЕ ИЗМЕНЕНИЕ

«С Россией или без? Украинцы и русские один народ или нет?» — это дилемма была важнейшей в повестке дня всех переломных моментов украинской истории. Так было во время Гражданской войны в начале двадцатого века, под тем же лозунгом происходила политическая борьба в независимой Украине после распада СССР.

По сути, на всех президентских выборах в независимой Украине избиратели решали один главный вопрос: выбрать пророссийского или антироссийского президента. Агрессия Кремля покончила с этой дилеммой. Бомбы и артобстрелы оказались великолепным лекарством от любви к «старшему брату».

До войны за союз с Россией выступала бо́льшая доля украинцев, теперь же таких просто единицы. Более того, сегодня украинцы даже впадают в другую крайность: в Украине все больше распространено мнение, что хороших россиян не бывает в принципе. Грубо говоря, даже в любом русском либерале и антиимперце есть червоточинка.

До нынешней российской агрессии украинцы так и не сформировались в единую нацию. Почти неотличимые от россиян жители Восточной Украины, гордящиеся своей «европейскостью» жители запада страны, наконец, испытавшие сильное культурное влияние Венгрии закарпатцы — между этими этническими группами еще недавно было довольно мало общего.

Сегодня прямо на глазах эти разнящиеся этнические группы превращаются в единый монолит. Более того, начинают себя чувствовать украинцами и представители национальных меньшинств, включая местных русских.

В республике быстрыми темпами выходит из обращения русский язык, огромное количество русскоязычных украинцев из принципа начинают говорить только на украинском, в стране уже сегодня разрушено большинство памятников, напоминающих об общем прошлом с метрополией.

Скорее всего лет через двадцать русский язык в Украине будет окончательно отодвинут на второй план, а русская культура будет известна не более чем французская или испанская. И это будет, пожалуй, без преувеличения крупнейшее событие в украинской истории.

Как говорил Збигнев Бжезинский, без Украины Россия перестает быть империей. Парадокс, но именно наиболее последовательный и решительный «собиратель русских земель» Владимир Путин предопределил окончательный крах российского империализма.

Формирование украинской нации не единственный, как это ни цинично прозвучит, плюс кремлевской агрессии. До нынешней войны Украина была глубокой провинцией, эту страну в мире знали лишь немногие.

Сегодня о ней знают — свидетельствую — даже индейцы на далекой Амазонке, не говоря уж о жителях развитых стран. Такая реклама полезна воюющей стране и дает ей надежды, что Запад не оставит ее и после окончания войны. Скорее всего, экономику послевоенной Украины ждут мощные инвестиции.

Американо-японский политолог Хироаки Куромия после появления сепаратистских анклавов в Донбассе писал, что «единственный путь преодоления этого кризиса заключается в том, чтобы Киев стал гораздо более привлекательным для Донецка, чем Москва».

После окончания войны эту схему Запад, возможно, применит в Украине. Это страна должна стать восточной витриной западного мира, стремящейся продемонстрировать как россиянам, так и их соседям, что демократическая модель выгоднее для людей, чем диктатура.

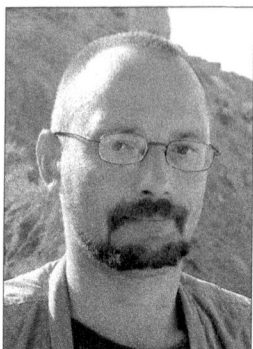

Игорь Ротарь — российский журналист-аналитик, военный репортер, колумнист; в журналистике с начала 90-х. Работал в легендарных в то время «Независимой Газете» и «Известиях». Его специализация — этнические и религиозные конфликты. В качестве военного корреспондента он объездил множество «горячих точек» и не раз проходил по грани между жизнью и смертью. В качестве корреспондента Игорь побывал на войнах в Чечне, Таджикистане, Грузии, Приднестровье, Косово, Боснии и Герцеговине, Хорватии, Афганистане, Руанде. Игорь Ротарь делал репортажи во время штурма Грозного и Сухуми, обеих революций в Киргизии, во время андижанского восстания.

Он был лично знаком с большинством ведущих участников военных конфликтов в бывшем СССР: чеченским террористом Шамилем Басаевым, президентом Чечни-Ичкерии Асланом Масхадовым, идеологом чеченских сил сопротивления Мовлади Удуговым, президентом Молдавской Приднестровской Республики Игорем Смирновым и многими другими.

Игорь — автор семи изданных в России и Великобритании книг и множества статей в ведущих российских СМИ и американских политологических фондах.

Уже много лет Игорь Ротарь живет в США, где сотрудничает с американскими политологическими фондами, периодически читает лекции в американских университетах.

С начала войны в Украине (2014 год) Игорь Ротарь трижды побывал в этой стране, причем по обе стороны фронта. Так, в 2015 и 2021 годах он посетил как многочисленные районы центральной и западной Украины, так и так называемые «ДНР-ЛНР» и оккупированный Крым.

В 2024 году Игорь побывал в Закарпатье (включая венгерские районы), в Киеве и Харьковской области. Журналист попытался понять, насколько изменилась ситуация в стране после 24 февраля 2022 года — начала открытой агрессии Кремля.

www.ingramcontent.com/pod-product-compliance
Lightning Source LLC
Chambersburg PA
CBHW060232030426
42335CB00014B/1418